You Can Have an Amazing Memory

Dominic O'Brien

X-Knowledge

はじめに

子供の頃、私は失読症と診断された。担任からは、このままでは先の人生が思いやられると言われた。実際のところ、その当時、誰も私の将来に期待していなかった。のちに私が脳の力を称えられてギネス世界記録に認められたり、1度ならず8度も世界記憶力選手権で優勝するなど、あの頃誰が想像しただろう。ここで恥ずかしながら、私の10歳のときの成績表に書かれていたコメントをいくつか紹介しよう。

「計算の途中にぼんやりして、気が散ることが多い」

「注意力散漫。目の前のことに意識が向かず、とりとめのないことを考えているようだ」

「極めて緩慢。言われたばかりのことを復唱できない。もっと集中してほしい」

「やる気を出して取り組むことが必要。とにかく時間がかかりすぎる」

いずれも辛辣《しんらつ》な表現だが、これは当時の私の状態を正確に描写したものだと思う。私の脳は伸びきった筋肉のように緩んでいて、教師たちをいつも苛立《いらだ》たせた。当時の学校教育は今とは様相が違っていて、なかには私の身体をつかんで揺さぶったり、怒鳴ったり、級友の前で罵倒《ばとう》したりした教師もいた。なんとかして私のぼんやり癖を矯正しようとしたのだろう。

当然ながら、私は学校に行くのが苦痛だった。ほとんど恐怖だったと言ってもいい。11歳のときには学校が苦手というだけでなく、自信もすっかりなくなっていた。残念ながら、できる限り早く学校から帰ることが一番の幸せだった。

それから15年ほどたって、私は独学で1組のトランプのカードを記憶することができるようになった。そのときの気持ちは格別だった。自分の頭でもこんなことができるのだという達成感があったのはもちろん、自分の中で何かが大きく変わった。怒られてばかりで自分を否定し、誰からも評価されなかった幼い頃の自分の呪縛《じゅばく》から解き放たれ、本当の私はきっと、皆が思っていたような劣等生ではないはずだという思いが湧いてきた瞬間だった。1組のカードを憶えることができたのだから、ほかにもできることがきっとある。そして、実際に少しずつ記憶力を伸ばしていくなかで、私は自信を取り戻し、自分の前にチャンスが開かれているのだと思うことができるようになっていった。

かつて眠っていた私の記憶力は、本来の力を発揮し始めた。そして25年にわたる厳しいトレーニングを経て、素晴らしく機能する私の誇りとなった。学生時代に記憶術と出会って練習できなかったことが残念だ。

本書では記憶力トレーニングのとっておきの方法を紹介する。このトレーニングはアクロバティックな記憶の技を身につけるためだけのものではない。大きな自信をあなたに与えてくれるはずだ。実際に私自身がそうだった。自分の脳の中には実は素晴らしい記憶力が潜んでいる、ほかにも眠っている能力がある——そう気づくことができたら、世界はどんどん変わっていく。集中力や流動性知能（さまざまな状況に柔軟に対処する力）も伸びる。それが誰かの前でスピーチをするときの自信にもつながり、未知の世界でもそこに自分の居場所を見つけてうまくやっていく能力すらも開発されていく。

私が今の自分に至るまでにたどってきた紆余曲折の道のりが、あなたの中に眠っている素晴らしい記憶力を見つけるためのヒントになること、そして、あなたも私と同じように、この旅を楽しんでくださることを心から願う。

ドミニク・オブライエン

記憶に自信のなかった私が
世界記憶力選手権で8回優勝した
最強のテクニック

装丁・本文デザイン：轡田昭彦／坪井朋子

目次

脳は車のトランクのようなものだ。
きちんと詰めた荷物は保存され、ぞんざいに詰めた荷物はどこかへ行ってしまう。

――アウグストゥス・ウィリアム・ヘア＆ジュリアス・チャールズ・ヘア
『Guesses at Truth, by Two Brothers（真実についての推察／兄と弟による）』より

本書の使い方

記憶力向上のためのガイドブックは数あるが、本書の特徴は、個々の記憶テクニックについての紹介を最小限に抑え、私自身がトレーニングしていくなかで経験してきたことと、人間の脳について得た知識にページを割いた点である。私はこれまでに8度にわたって世界記憶力選手権で優勝してきたが、それは、丁寧に、真摯に、粘り強く取り組み、試行錯誤を繰り返した結果である。

そうして私はいくつかの記憶テクニックを発見し、それによって完璧な――いや、完璧に近いと言ったほうがいいだろうか――記憶力を手に入れた。このテクニックをあなたにお伝えしたい。私の記憶力を伸ばしてくれたこの方法は、あなたにとってもきっと有力なツールになるはずだ。そういう思いから、私は本書を書いた。

本書を有効に活用するには、飛ばし読みをせずに、前から順に読み進めていただきたい。特に前半は、それまでの章の内容をもとに話を展開させているので、順番に読んでいただくことをお勧めする。後半では、前半で習得したテクニックの訓練法を紹介する。集中的に行う訓練もあれば、日常生活の中でできることもある。脳だけでなく身体を健康に保つコツ――これもまた記憶力トレーニングでは大切なことである――についても紹介する。

どれくらい時間をかければテクニックを使えるようになるのかという疑問をもつ人がいるかもしれないが、これについては人によってもテクニックによっても違ってくるので、一概には言えない。すぐに使えるテクニックもあるし、時間を要するものもある。大切なのは諦めないことだ。その際、1つのテクニックを自信をもって使えるようになってから、次のテクニックに移るようにしよう。例えば、20枚のカードを憶えられないのに1組のカードを憶えるテクニックを練習しようとしても効果的ではない。焦って欲張りすぎると、うまくいかずにイライラして諦めてしまうことにもなりかねない。

もう1つ大切なのは、本書はメソッドを提供するが、練習するのはあなた自身だということだ。日々時間を費やしてカードや数字を憶えようと思っても、実際には、なかなか練習に集中できないことは十分に考えられる。この対策については第27章で述べる。

本書には15個の演習がある。最初の演習と最後の演習は、自分の記憶力がどれだけ向上したかを測定するためのベンチマークテストである。そのほかの演習は、記憶力トレーニングのいくつかの側面に特化したものだ。この演習を励みにして技術を習得し、繰り返し挑戦していただければと思う。いくつかの演習には時間制限を設けたが、その際は時計を見て気が散ることのないようにタイマーを用意して取り組むことをお勧めする。

何よりも大切なのは、オープンな心で取り組むこと。本書を通してテクニックを学び、ポジティブな姿勢で練習を積もう。信じることから成功は始まるのだ。健闘を祈る！

第1章

あなたの記憶力、私の記憶力

人間の脳は右脳と左脳の2つの領域に分かれている。今では、左脳は右半身の動きを、右脳は左半身の動きをそれぞれコントロールしていることが広く知られている。その理論によれば、鉛筆を持つのも左手、ボールを投げるのも左手、ボールを蹴るのも左足で、所属するサッカーチームでは左ウィングだった、というようにたいていのことを左手、左足で行う私は右脳型人間だということになる。しかし、右脳と左脳の働きは、はたして本当にそんなに単純なものなのだろうか。

右脳と左脳の機能に対する見解は、今もどんどん変化している。1981年に、神経生理学者のロジャー・スペリーが「分離脳」の研究でノーベル生理学・医学賞を受賞した［訳注：「分離脳」とは、脳梁《のうりょう》という右脳と左脳をつなぐ部分を切断された脳のこと。当時は難治性てんかんの治療としてこのような手術がよく行われていた］。彼は、右脳と左脳にはそれぞれ独立した機能があることを示した。

そしてその後、左脳は数列、論理、発話、分析、計算などを行い、右脳はイメージや色、リズム、次元、空間などの処理を担当すると言われるようになったが、のちの研究で、左右の脳の機能はそんなに単純に分かれるわけではないことが示唆されている。

今では、心理学者の間では右脳、左脳のどちらにも前述のすべての機能が備わっており、ただ機能の仕方が異なるという認識が浸透している。例えば、左脳は細部を見るのに対し、右脳は大局的な見方をする。言葉を理解したり記憶したりするときなどは、その顕著な例だ。左脳は言葉の記憶や配列処理を担当し、右脳はイントネーションやユーモアに注目する。だから、話すときの声のトーンによって、その言葉の受け取り方が変わってくる。

例えば、誰かがあなたに親しみのこもった調子で冗談めかして、「嘘だ!」と言ったとすれば、それはきっと驚いた気持ちの表現であろう。そのときにその言葉を文字通りにとって「嘘なんかついていない」と反論したなら、おそらく右脳がうまく機能していないと思われる。言葉を文字通りにとるというのは左脳の特性である。左脳にはユーモアのセンスがほとんどないが、右脳は文字そのものよりももっと広い角度から物を見て、左脳が集中すべき細部を決定してくれているのだ。

記憶するということは、右脳と左脳を最も効果的なやり方で協力させるということだ。本書では、左脳が得意とする論理や順番、思考を活用しつつ、右脳が得意とする創意と色彩感、ユーモアに富んだイメージを作る機能を活かし、それらを完璧にシンクロさせる方法をお教えしよう。といっても、過酷なトレーニングをするわけではない。少し練習をすれば、左右の脳はごく自然にバランスよく働くようになる。そうすれば、記憶力は日増しに強くなっていく。

コラム **右脳型人間**

学生時代の私は、授業の時間の大半を心ここにあらずの状態で過ごした。たいていは窓の外をぼんやり見ていた。先生の顔を眺めていることもあったが、話は耳に入ってこない。私はただ空想にふけっていた。というと、頭の中で何かしら幻想的なストーリーを組み立てていたのだろうと思われるかもしれないが、私の空想は何のまとまりもないものだった。ただ気の向くままに思いを巡らせていたので、話はあっちこっちへ飛んでいった。おそらく左脳が細かいことを処理し続けられるような状態ではなく、右脳が野放しになっていたのだろう。生徒としては救いのない状態だったが、物事をいろいろな角度から見ることができるという能力は、記憶力トレーニングに不可欠な想像力、創造力への扉だったのだと思う。

最初の演習――現在の記憶力を調べよう

これから本書で記憶テクニックを学んでいくわけだが、自分の力がどれだけ伸びたかを把握するために、まずはトレーニング前の自分のレベルを知っておこう。私の生徒には、トレーニング前にこれから紹介する２つのテストを受けてもらうことにしている。

心理学者たちによれば、作業記憶（短期記憶）が無理なく憶えることができるのは、せいぜい７～９個の情報だという（だから電話番号の市外局番以下はだいたい６～８桁になっている）。また、丸暗記や繰り返し学習は、何かを記憶する最上の方法とは限らない。

ともかく、まずはこの２つのテストをやってみてほしい。難しいと感じたとしても、それはむしろ当然のことだ。あなたはまだ記憶するための戦略を学んでいないのだから、テストの結果が散々だったとしても気落ちする必要はない。今のスコアを記録しておこう。そして本書を読み、自信をもってテクニックを使えるようになってから、もう一度挑戦してみてほしい。私の経験や発見から学び、私が使ったテクニックを習得することで、あなたの本来の記憶力が引き出されていくはずだ。私が結果を出せたように、誰でも私と同じ方法でトレーニングすれば、記憶力の可能性が無限に広がる。

演習❶ トレーニング前の記憶力を測定する

この2つのテストでは、これから本書で記憶テクニックを学び、どれだけ進歩したかを把握するために、トレーニング前の記憶力を測定する。最初のテストでは、30個の単語のリストをこの順番通りに憶える。2つ目は数字のリストで、これも順番通りに憶えていく。制限時間はそれぞれ3分。残り時間を気にしなくていいように、タイマーをかけておこう。採点方法は各テストの後に述べる。

《テスト1》単語を憶える（制限時間3分）

次の単語を順番通り（上の列から始めて右から左へ）に記憶し（表記もそのとおりに記憶する）、3分たったら憶えた単語を書き出す。解答は見ないように。

バイオリン　オーケストラ　鉛筆
騎士　ニシン　切手
スーツケース　ファイル　虹
ネックレス　窓　カーペット
雪玉　テーブル　桃
赤ん坊　しわ　コルク
マスク　ボール　惑星
バラの花　写真　雑誌
とがった屋根　象　金
しょうが　トロフィー　腕時計

採点方法：正しい順に正しい表記で単語を書くことができたら1点。単語が思い出せなかったり、順番を間違えていたら1点減点。途中で2つの単語の順番が入れ替わっていたら2点減点。ただし、その次の単語が正しければ、その単語は正答として加点する。制限時間内に憶えられなかった単語については減点しない（例えば15個までしか憶えることができなかったなら、最高得点は15点になる）。10〜14歳の平均スコアは9・5点。大人の場合はもう少し高くなると思われる。

《テスト2》 数字を憶える（制限時間3分）

次の数字を順番通り（上から下へ）に憶える。3分たったら憶えた数字を書き出す。解答を見ないように。

1 7 1 8 9 4 6 4 3 9

2 5 3 7 3 2 4 8 5 6

4 6 9 3 7 8 3 1 7 8

採点方法：正しい順に正しい数字が書けていれば1点。数字や順番を間違えたら1点減点（単語テストと同様に、途中で2つの数字の順番が入れ替わっていたら2点減点し、その次の数字が正しければ正答とする）。学生の平均点は12点だが、このテストでも、大人の場合はもう少し高くなると思われる。

第2章
記憶力トレーニングとの出会い

たいていの人は、記憶力のことを当たり前のように脳に備わっている機能だと思い、それがなくなるなどとは考えもしない。友だちや家族の誕生日を忘れたり、買いたかった物を忘れて2回も店に行く羽目になったりすると、軽い気持ちで「もっと記憶力がよければなぁ」などと言うけれど、実際に記憶力の素晴らしさや大切さを真剣に考えたことがある人はそれほど多くはないだろう。

想像していただきたい。あなたから記憶が消えたらどうなるか。友だちや家族、かつて親しんだ光景を思い描くことができなくなる。それはアイデンティティを失うことを意味する。自分の居場所（一緒にいる人や場所、属している組織）がわからなくなり、失敗した経験から学んだことや自分の功績など、自分に関する一切の情報が消える。居場所も、長所短所を含めた自分のアイデンティティも失われるとなれば、それは悲劇と言えよう。

逆に、十分に機能する強力な記憶力は、知人に電話したり、鍵を見つけたり、料理をするなど日々のいろいろな場面で活躍する実践的なツールであるだけでなく、「内なる富」の源にもなる。記憶力には、物を憶えるということ以上にはるかに大きな価値がある。私自身、記憶力を鍛えたことで、自信と安心感、自分の人となりに対する強い信頼が生まれた。これについては後で詳しく述べるとして、まず、私の記憶の世界への旅がどのように始まったかということをお話ししたい。

それは１９８７年、私が30歳のときのことだ。クレイトン・カーベロという記憶術師がよく切った52枚のトランプの順番を記憶する様子をテレビで見て、どうしてそんな超人的なことができるのだろうと強い興味を抱いたのがきっかけだった。彼は天才なのか？　それとも何かしらの技を使っているのか？　怪物なのか？　頭の回転が速いのだろうか？

さっそく1組のトランプを用意して、彼の真似をしてみた。でも——たいていの人がそうだと思うが——5、6枚憶えたところで数とマークがごちゃごちゃになって思い出せなくなった。いったいカーベロはどうやってあんな芸当をやってのけたのか？　わからないことはそのままにしておけない性格だったので、カーベロの脳の秘密についてさまざまな角度から検証し始めた。彼にできることなら、私にもできると思ったからだ。

まずは、簡単なゲームについて考えてみた。子供の頃、長いドライブの退屈しのぎにやった遊びだ。おそらく似たような遊びをした経験がある方も多いだろう。プレイヤーが順番にカバンの中に入れる物の名前を言っていくのだが、そのときにすでに入っている物を全部言ってから自分の入れる物を言う。「私はカバンに本を入れる」。次のプレイヤーは、「私はカバンに本と傘を入れる」といった具合に続けていき、入っている物が思い出せなければ失格となって、最後に残った者が勝者となる。私はこのゲームが得意だったが、それはただ——大多数の人もそうだろうけれど——カバンの中の物を忘れないように繰り返し頭で復唱し、時には頭の中で物を並べてみるなどしていただけのことだった。そこに何かの戦略や、記憶力を伸ばす秘訣があったわけではない。

私はそこで、このゲームとカーベロの技とを比べてみた。彼がカードを憶えるのに「繰り返し」のテクニックを使っていないことは明らかだった。カードをめくり、さっと見ただけですぐに次のカードをめくる。前にめくったカードを見返すことはない。どのカードも1度見るだけ。「繰り返し」で憶えているわけではないとしたら、いったいどうやってカードを憶えているのだろう。そして(これが私にとってもっと大切なことだったのだが)、どのようにしたら私も52枚のカードをたった1度見ただけで憶えることができるのだろう。

私は、自分の動作を利用してめくったカードを憶えることを思いついた。例えば、クラブの3をめくったら頭を3度くらい傾ける。スペードのキングだったら舌を左頬のほうへ動かす。身体の動きとカードとの間に直接的な関係はないにしても、こうしてカードごとに動作を割り当て、その動作を使って憶えたほうが、ただカードを憶えるよりもうまくいくのではないかと考えたのだ。でもすぐに、この方法は実用的でないとわかった。

次に、数式を使うことを考えた。例えば、めくったカードが4、次に8だったら、2つを掛ければ32だ。でも、どうやって32を憶える？　それに、カードのマークはどうしたらいい？　この方法もうまくいかないように思えた。

身体や数式を使うのは本質的な解決策にはならないとわかるのに時間はかからなかった。本の中に解決策があるのではないかと思い、地元の図書館に行ってみたが、当時は記憶力のトレーニングについての本は見当たらなかった。今ならインターネットで情報を探すこともできるのだろうが、まだ気軽に利用できる時代でもない。答えを見つける方法があるとすれば、それは自分で試行錯誤するしかなかった。

間もなくして私は、成功の鍵は想像力と創造力にあるのではないか、とわかってきた（もちろん論理や推論も使うべきなのだろうが、この点については私は未だによくわかっていない）。そして、ストーリー仕立てにして憶える方法があるということを聞いて、試してみた。何時間も、何日もかけて、私はカードに人や物のイメージを割り当て、それを頭に刻みつけた（第8章参照）。

その結果、10枚程度のカードなら憶えられるようになった。カードにイメージを割り当て、そのイメージを使ってストーリーを作る方法がうまくいったのだ。私にとっては、小さいけれども重要な進歩だった。これによってカーベロの技を自分のものにするまで、この方針で頑張ろうという意欲が湧いた。

私の初めての記憶への挑戦は、ほんの数日で成功した。物語のメソッドとジャーニー法（その内容については後で詳しく述べる）を組み合わせ、52枚のカードを正確に憶えることに成功したのだ。私はこの瞬間を鮮明に憶えている。「とうとうやったぞ！」という達成感とともに、自分の中に力がみなぎってくるのを感じた。こんな気持ちを味わったのは人生で初めてのことで、私はすっかり記憶の世界に夢中になり、さらにのめり込んでいった。

そして好奇心と絶対やり遂げるという決意、不屈の精神で試行錯誤を繰り返し、比較的短期間で、記憶テクニックを使って1組だけでなく何組かのカードを1度見ただけで憶えることができるようになった。この過程で、私は自分の記憶力を変える旅、もっと言えば自分を変える旅に乗り出していたことになる。この最初のステップがきっかけとなって、私の脳はすっかり変わった。創造力が芽を出し始めたのだ。

コラム　創造力を解放する

クレイトン・カーベロの妙義を自分もやってみたいと思い、自分の脳の神秘的で素晴らしい力を探索し始めてから、私は自分の創造力がどんどん伸びていくことに気づいた。記憶力を働かせるほど、いろいろな角度から発想することができ、関連付けができるようになっていった。後の章で詳しく述べるが、私の記憶システムの要は、トランプのカードを頭の中でイメージに変換させるプロセスである。

最初はこの変換作業に時間がかかり、思うようにはいかなかったが、しばらくすると、それほど労力をかけなくても、鮮やかな思考やイメージがすぐに浮かび上がってくるようになった。その後、私はこの方法を利用して、長い数列、たくさんの単語、何百もの２進数、名前と顔の組み合わせ、電話番号、出来事とそれが起こった年、詩などを記憶していった。記憶力トレーニングによって、私の創造力——学生時代には何年間も顔を出すなと言われ、抑圧されていたもの——が解放されていった。そして私の心は自由になった。

第3章

想像力と創造力

記憶力のトレーニングによって私の脳がすっかり変わったと言うと、大げさに聞こえるかもしれない。しかし、記憶力は創造力に密接に関係していること、また、脳の多くの機能が創造力に関係していることを考えれば、私の話が大げさでもなんでもないということがおわかりいただけるだろう。

ここで一番大切なのは、記憶力のトレーニングをすることで、創造力を発揮するうえで前提となる想像力を大きく引き出すことができるという点である。記憶力に興味を持ち始めたごく初期の頃――カーベロの真似をしていた頃――にすでに私は、トランプの順番などのように関連のない情報の羅列を憶えるためには、情報をコード化してイメージに変換することが必要だとわかっていた。イメージに変換することで、ばらばらの情報をつなげることが可能になるのである。このプロセスでは想像力を駆使する。そして、論理や空間認知をはじめとする脳の機能を幅広く使うことになる。

もしも、自分は想像力が乏しいから記憶力のトレーニングをしても意味がないのではないかと思っているなら、そのような不安はすぐに捨てていただきたい。職場で机に向かいながら、ここがもっと面白い場所だったら、あるいは（ストレスが多いときなどは）もっと静かな場所だったら、などと想像したことはないだろうか。そのとき、その場所にいる自分の姿が生き生きと思い描けたのではないだろうか。試しに何も考えずにぼんやりしてみてほしい。頭の中にとても緻密な想像上の世界を描けるかもしれない。誰の中にも、驚くほど豊かな想像力がある。ただ、教育によって、あるいは状況によって、それが抑え込まれているだけなのだ。想像力を解放するのに遅すぎることはない。

前にも書いたが、私は子供の頃、空想ばかりしていてよく叱られた。教師たちは全力で、私の空想を抑圧しようとした。でも今は、あの空想癖は創造的な思考力の表れだったのではないかと思う。確かに私の空想は変わっていて、まとまりもなかった。でも、それはおそらく私の創造的思考が縦横無尽な広がりを見せていたからだ。そして、その能力があったから、記憶力選手権で勝つことができたのだと私は確信している。このような能力は誰の中にでも眠っている。訓練（あるいは私がしたように呼び覚まし）さえすれば、誰でも想像力と創造力を働かせることができるのだ。

私にとって、想像力を働かせるということはごく自然な思考プロセスだ。トレーニングを積んだ今では、以前よりも時間も労力もかけずにイメージを思い浮かべることができる。自分はそんなことはできないという人も、本書で紹介するアドバイスやヒントに従って練習することで、さまざまな方法で想像力を働かせることができるようになる。トレーニングをすればするほど想像力は伸びる。そうすれば、人生のいろいろな局面で豊かなイメージや発想が浮かぶようになっていく。

また、記憶力をはじめとする脳の働きも活発になる。洋服を選ぶのも、トランプを憶えるのも、そして商談も、前よりスピーディに、自信をもってできるようになるはずだ。あなたに必要なのは、この夢のツールを解放することだ。

コラム　夢のツールが誕生したとき

これから述べるのは、1958年4月24日にイギリスの南海岸のある駅で実際に起こったことである。若い母親と子供が、セント・レオナルス・オン・シーの親戚の家から自宅に帰ろうとしていた。駅のホームで電車を待っていたときに、母親が電車の中で読む雑誌を買おうと思い立ち、息子をベビーカーにつかまらせて（ベビーカーの中には8カ月になる彼の弟が眠っていた）、そこを動かないように言い聞かせて売店に向かった。そのとき、停まっていた別方面に向かう電車が出発した。息子はふと、自分も電車の中で読む本が欲しいと思い、ベビーカーから手を放して母親の後を追った。

すると、電車が走りだしたときの風に押されて、ベビーカーが動き始めた。ホームは下り坂になっていたのでどんどん加速し、ついには最後尾の車両に激突して引きずられていった。騒ぎに気づいた母親は、駆けつけると悲痛な声を上げながら赤ん坊を見つめた。生きてはいまいと思われた。

その赤ん坊が私である。奇跡的に私は一命を取りとめ、今こうしてこの文章を書いている。今、私の外見に見られるこの事故の名残は、額の傷だけだ。私は、この傷が私の人生を決めたのだと思っている。この事故が、子供の頃の空想癖の原因となっていた可能性は多分にある。だとしたら、私は事故に感謝したい。空想癖がなかったら、自分の中に眠っていた想像力と創造力を発見することはできなかっただろうから。

演習❷ 情景を思い浮かべる

ここで紹介するのは、心を解きほぐして想像力を豊かにし、普通ならなかなか思いつかないような結びつきを作るトレーニングである。視覚だけではなく、あらゆる感覚を動員して（記憶に定着させるには、これが大切である）、一見無関係に思えるものどうしをしっかりと結びつけていこう。自信をもってできるようになるまで、できれば毎日行うといい。文章に目を通したら、イメージや感覚が浮かびやすいように目を閉じるのもいいだろう。

《情景1》

想像してみてほしい。あなたは手にサッカーボールを持っている。そのボールはしぼりたてのオレンジジュースの香りがする。じっくりと、この2つのことを頭に浮かべたら、次に、このボールがゼリーのような手触りがすると想像してみる。続いて、時計のようにカチカチと音を立て、チョコレートの味がすると想像する。急がず、最低5分はイメージに浸ること。そしてイメージを明確に思い描く。気が散ってしまったら、サッカーボールを手にしたときの最初の感覚に意識を戻そう。

《情景2》

情景1のイメージが十分に想像できるようになったら、次のステップに進もう。今度は黄色の地肌にピンクの水玉模様の象を頭に描く。猫のように鳴き、しょうがの味がして、アザミの葉のような手触りで、新鮮なコーヒー豆の香りがする。少なくとも5分間は、これらすべてのイメージを頭の中に生き生きと描こう。

このイメージを鮮明に描くことができたら、あらためて、さっき想像したサッカーボールのイメージを、その後にまた象のイメージを思い出してみよう。しっかりと視覚化できていれば、簡単にそれぞれのイメージが浮かんでくるはずだ。

第4章
関連付けの力

前章の最後に紹介した演習で、いろいろな感覚を動員することによって、最初はまったく関連がないように思われていた対象や概念の間に関連付けができることを実感いただけたことと思う。これが完璧な記憶力を身につけるための第一歩である。そして、このステップを本当に価値のあるものにするには、即座に、できるだけ強く関連付けできる力が必要になる。幸い、関連付けに関しては脳は絶大な威力を発揮する。脳は物事を関連付けるのが好きで、すぐに結びつきを作ろうとするのだ。問題は脳自体にあるのではなく、自由な思考を妨げる「障害」にある。このような障害があると、心に描いたサッカーボールのイメージが乱れ、うまく関連付けることができなくなる。

何かしら障害があって自由に想像できないと感じたら、次に紹介する方法を使って心を解放しよう。脳を落ち着かせようとか、心のノイズを除去しようなどとは思わないこと。関連付けの理由を解明しようとしてもいけない。ただそれらが結びついているのだと信じて、純粋な関連付けの力を「生じさせる」のである。

私たちには、自分の経験を何らかのカテゴリーに分類する習性が身についている。例えば、「イチゴ」という言葉を聞いたら、おそらくイチゴの姿が浮かぶだろう。赤くふっくらとして、緑のへたがついたイチゴの姿だ。でも、そこで心を解き放ち、自由にしてみたらどうだろう。イチゴの姿かたちはそのままでも、今度は味や匂いが想像できるのではないだろうか。表面はどうだろうか。でこぼこしている？　それともつやつやしている？　そこにあるのは地植えのイチゴ？　それともボールに盛られたイチゴ？

心が自由に動きだせば、もっと豊かな関連付けができる。そしてもっと鮮やかに思い描くことができる。イチゴ狩りに行ってイチゴを食べたときのことを思い出すかもしれない。一緒にいたのは友だち？　イチゴに添えたのはチョコレート？　それともクリーム？　友だちはどんな服を着ていた？　どんな話をした？　そこからまた新しい発想が始まる。回想から新たな結びつきが生まれて、イメージが広がっていく。現実世界に意識を戻す前に頭に描いていたものは、イチゴとは関係のないものになっている可能性すらある。

フランスの作家マルセル・プルーストの自伝的小説『失われた時を求めて』の中にも、紅茶に浸したマドレーヌの味をきっかけに、さまざまな記憶がよみがえる場面がある。

ここで大切なのは、制約を解き放てば、記憶は途方もない場所へとあなたをいざなってくれるという点である。心を解放して自由に発想すれば、脳は即座に、正確に、強力に関連付けをするのだ。この関連付けが完璧な記憶力の土台となる。

第5章

関連付けの多面性

前章で紹介したイチゴに関する自由な発想やプルーストの小説から、関連付けが瞬時にできることだけでなく、そこにさまざまな要素が作用していることがわかる。

まず大きく作用するのが「感情」だ。過去に起こった出来事を詳しく思い出そうとするときに最初に浮かんでくるのは、おそらくそのときの感情ではないだろうか。例えば、初めて自転車に乗れたときのことを思い出してみよう。私の場合は、自分の力だけで動かしているとわかったときの昂揚感と、ちょっと不安な気持ちがまず浮かんでくる。そういった感情によって過去がよみがえり、そのときの感覚が引き出されていく。

次に記憶に強く作用しているのが「匂い」だ。脳内の嗅球《きゅうきゅう》という嗅覚情報を処理する組織は記憶や学習に関連する部位と生理学的に密接に関係しているので、ペダルをこいだときの空気の匂いをまず思い出すという人もいるだろう。また、耳に吹きつける風の音を真っ先に思い出したという人もいるかもしれない。ちょっとした曲の一節によって記憶が鮮やかによみがえり、感情が呼び起こされることは実によくある。そのほか、景色が浮かぶ人もいるかもしれない。特に鮮烈な光景だったら、はっきりとそのときの出来事を思い描ける人もいるだろう。

私は、自由な関連付けを指導するときには、初めて自転車に乗れたときではなく、初めて小学校に行ったときのことを思い出してもらうことにしている。読者の皆さんも試していただきたい。校舎に向かって歩いていくときの光景をぼんやりと思い出した人、あるいは教室で迎えてくれた先生の眼差しを思い出した人もいるかもしれないが、おそらく最初に鮮やかに浮かんできたのは「感情」ではないだろうか。

私は、そのときの期待と不安が入り混じった気持ちをよく憶えている。多少は新しい場所に行きたいという気持ちもあったけれど、家を出ることへの不安のほうがずっと大きかった。学校に着いて少し時間がたってからは（少なくとも初日は）楽しかったことも憶えている。新しくできた友だちと笑って過ごした。

次に「感覚」の記憶がよみがえる。運動場のターマック［訳注：アスファルトで固められた路面］の匂い（今でもターマックの匂いがすると、この日のことを思い出す）。授業の開始を知らせる鐘の音。給食の牛乳の味も憶えている。家で飲んでいたものよりも濃厚でクリーミーだった。牛乳瓶のひんやりした手触り、きらきらした蓋に突き刺した細いストローの青い色……。

論理的思考力と創造的思考力、そして感情や感覚を動員して関連付けをし、過去の事柄を思い出す――この能力を鍛えることで、新しい情報を即座に、鮮やかに、忘れにくい方法で記憶することが容易になる。そして、脳を使って瞬時に結びつきを作るコツがわかるようになり、自分が作った結びつきを信頼できるようになっていく。最初に作った関連は最も強い力をもつので、瞬時の関連付けは、記憶力トレーニングの中でも特に大切である。この点については本書で繰り返し取り上げていきたい。

コラム　一番最初の記憶

言葉は記憶を呼び起こす。「ベッド」という言葉は、私にとって最初の記憶を呼び起こす。2歳くらいだった。私はベッドのバーを揺らして、身体が上下に跳ねる感じを楽しんでいた。母親が「リングに上がる前のボクサーが準備運動をしているみたい」と言ったのも思い出せる。何の邪魔も入らずに心の奥底を探検できれば、かなり昔のことでも実に豊かな記憶がよみがえるものなのである。

演習❸ 自由な関連付け

言葉は記憶を呼び起こす。以下に挙げるリストの単語を見て、どんな思い出が浮かんでくるかを試してみよう。単語を見る時間は1、2秒。思い出したことを編集しようとせず、ただ最初の関連付けが自然に浮かぶのを待つ。それからイメージ、思考、感情、感覚をできる限り詳細に頭に思い浮かべる。すぐにはできないかもしれないし、時には数分かかることもあるだろうが、焦らないこと。そして関連が思い浮かんだら、次の単語に移る。

この演習の目的は、自由に関連付けをし、イメージだけでなく感情や感覚を呼び起こすのに慣れることである。こんな練習が記憶力チャンピオンになることと関係あるのかと思うかもしれないが、実は、こういった自由な関連付けの能力を伸ばすことが、記憶力の向上につながるのである。

キッチン

虹

おもちゃ

誕生日

アイスクリーム
雪
教会
クッション
砂
足の指の爪

これをやっているうちに、出来事だけでなくそのときの思考や感情、感覚を思い出す習慣がついていく。テンポよく、気持ちよく回想できるようになるまで続けてみよう。

私がこの演習をするときは——ほかの演習もそうだが——自分の人生をたどる旅に出ているような気持ちになる。いろいろな場所に行って、いろいろな人に出会い、いろいろな感情を抱き、いろいろな音や光景、匂い、触感を味わう。濃密な思い出を高速で回想するので、まるで自分の歴史を駆け抜けるジェットコースターに乗っているような感覚になる。読者の皆さんにも、ぜひこの気持ちを味わっていただきたい。

第6章 関連付けの鎖

ここまで、私たちの脳にはたった1つの言葉だけでたくさんの記憶を、それも即座に呼び起こす力があることを見てきた。本章では次のステップとして、関係のない2つの言葉の間にリンクを作る方法を見ていこう。すでに想像力を働かせることと自分の過去を利用して関連付けをすることを学んできたが、この2つを組み合わせることで記憶術の最も基本的なスキルが習得できる。

言葉であれ、物であれ、行動であれ、2つの概念をつなげるには、過去に学んだ知識を使って、その道を作っていく必要がある。人生の1コマ1コマは、ジグソーパズルのピースのようにぴったりと組み合わさっている。あるピースから別のピースへ移動するにはピースを1つ1つたどっていくことになるが、たどるピースの数が少ないほど効率がいい。つまり、手持ちの知識から2つの概念を結ぶ一番わかりやすいつながりを見つければよいことになる。

例えば、塀と鶏という2つの単語を憶えるとしよう。それぞれの言葉に関連した記憶の中から、2つの言葉をつなぐ道を見つけていく。

塀という言葉から私が思い出すものといえば、ピンク・フロイドのアルバム（『ザ・ウォール』）、子供の頃に上った塀、学校からの帰り道に飛び越えた塀……テンポよくどんどん思い出していくと、「これだ」というものに出会う。誰もが知っている童謡の一節、「ハンプティ・ダンプティ、塀の上に座ってた」――これだ！

ハンプティ・ダンプティは卵だ。卵を産むのは鶏！　想像力を働かせて、鶏が塀の上でハンプティを産む様子をイメージする。また、小さい頃に自分がこの童謡を歌っていたことを思い出して関連付けを強力にし、ハンプティを産む鶏を見て笑っている「幼い私」の姿も思い浮かべる。これは私の実際の体験ではないけれど、「幼い私」と歌とをつなげれば、私がこのシナリオに加わることができる。以上のプロセスは複雑で大変に思えるかもしれないが、実際には私の脳内ではほとんど瞬時にこれが行われ、塀と鶏がつながる。

もう1つ例を挙げよう。ペンとスープ、この2つの単語を憶えるとする。どうやって結びつけようか？　自由な関連付けを行い、想像力を働かせるとイメージが浮かんでくる。ペンでスープをかき混ぜる（ペンのインクが混ざるのでスープの色が変わっていく）。あるいは、濃厚なスープにペンで模様や言葉を書く、ペンにインクの代わりにスープを入れる。ペンをストロー代わりにしてスープを飲む――。いずれの関連付けも私の過去とつながりがあるわけではないが、ペンと皿に注がれたスープについての経験と理解がもとになっている。記憶と関連付けは一体なのだ。

それでは次ページの演習を使って練習してみよう。初めて取り組む場合には、なかなか関連付けられないものもあるだろう。偏見や先入観をもたずに、2つの言葉をつなげるイメージを見つけるようにしよう。例えば「ベートーヴェン」と「携帯電話」の場合、当時は携帯電話はなかったが、ベートーヴェンがエージェントに携帯で電話をかけている様子を想像してもかまわない。聴覚を利用して、自分の携帯からベートーヴェンの『運命』の着信音が流れる様子を想像してもいいだろう。

まずは、2つの言葉を最短距離で結びつけるイメージを思い浮かべよう。必要以上に変わった、現実離れしたつながりを作ろうとしないように。想像力を無駄に働かせることはない。イメージした情景が自分にとって自然で無理のないものであればあるほど、右脳と左脳がバランスよく働き、脳がその関連付けを受け入れて記憶に残るようになる。

演習を全部終えれば、あなたは関係のない情報を記憶するための基本的なテクニックをマスターしたことになる。2つの言葉を結合するのに慣れたら、いくつかの言葉をつなげるステップ、「連想結合法」に進もう。

演習④ リンクを作る

下記に並んだ2つの言葉を関連付けによってつなげてみよう。まずは虫取り網で蝶をつかまえるようなつもりで、最初に思いついた関連付けを拾い上げる。次に浮かんだことを編集せず、脳を解放させて、言葉から言葉への一番わかりやすい道を見つける。それができたら、上の列を隠して下の列の言葉を手がかりに上の言葉を思い出す。10個以上思い出せたら関連付けのスキルが身につき始めたと思っていい。14個のペアを全部思い出せるようになるまで練習を続けよう。

バス	塩
テーブル	月
ギター	ばんそうこう
足首	ガラス
コルク	たいまつ
ベートーヴェン	携帯電話
大理石	ろうそく

ガチョウ　泡
輪ゴム　サメ
オレンジ　ライフル
ペン　屋根
デイブ　ネズミ
カメラ　靴
ブレスレット　ヘアブラシ

第7章

連想結合法

例えば、最初に挑戦してもらった演習で使った単語リストを憶えるとしよう。リストの最初の5個はバイオリン、騎士、スーツケース、ネックレス、雪玉だった。前章で2つの概念をつなげることを学んだが、これを発展させて、それぞれのアイテムをつなぐリンクを作れば、リストを漏れなく憶えることができることになる。それでは、上記5つのアイテムのつながりを考えてみよう。

バイオリンの甘い調べが聞こえる。弾いているのは騎士だ。鎧《よろい》をつけているので、あごと肩でバイオリンをはさむのが難しそうだ。彼の足もとにはスーツケースがある。派手な色のもの、あるいはところどころへこんでいる年代物を思い浮かべるのもいい。スーツケースを開けると、そこには高価なダイヤのネックレスが入っている。太陽の光がダイヤに当たってきらきら光る。まぶしくて目を細め、顔を横に向けると、頬に雪玉が当たる。冷たい……。

このように、あらゆる感覚と感情を使って関連付けをする練習を積んでいけば、脳はすばやく結びつきを作ることに慣れていき、記憶に残りやすいつながりができるようになる。

この短いシーンを頭の中で再現してみよう。必要なら、もう少し詳しい情報を追加する。うまくつながりを作ることができていれば（もちろん、私が作ったつながりが必ずしもあなたに合うとは限らない）、5つのアイテムを順に復唱できるだろう。シーンを逆回しにすれば逆方向に復唱することだってできる。両方向から復唱できれば、このリストが完全に心に刻み込まれたことになる。

それでは、スーツケースの前後の単語が何だったか、5つの単語を復唱することなくすぐに答えることができるだろうか？　それができたら、あなたの脳はこの単語リストの情報を十分に吸収し、統合して、いろいろな方法でそれを再生することができるということだ。思い出せる、再生できる、逆方向にも再生できる、そして必要に応じて再構築もできるというのは、その情報を自分のものにできたかどうかを評価するときの有効な指標となる。

連想結合法に挑戦してもらう前に、私はまず、5個の単語をどれくらいの間憶えていられるかを予想してもらうことにしている。たいていの人は数分と答える。しかしその後、真実を知って驚くことになる。この方法では24時間以上憶えていられることも珍しくないのだ。ただ繰り返しによって丸暗記しただけでは、そんなに長く憶えてはいられないだろう。

5つだけでは少ないので、もう少し単語数を増やそう。今度はボート、タイヤ、小包み、ボタン、キャベツ、ネズミ、長靴の7つの言葉を連想結合法で憶えてみよう。

例えば、こんな情景を思い浮かべる。ボートに乗って、静かな海をぼんやりと漂っている。海岸に近づくと、砂浜にタイヤが落ちているのが見えた。ボートから降りてタイヤを転がしていくと、小包みにぶつかって止まった。包みを開くと、明るい赤色のボタンがついた機械が出てきた。好奇心を抑えられずにボタンを押すと、なんと、土の下からキャベツが現れた。そしてキャベツの中からおびえたネズミが出てきて、砂浜に打ち捨てられていた長靴の陰に隠れてしまった――。

繰り返しによる丸暗記は時間がかかり、しかも結果はかんばしくないことが多いのに対し、この方法ならばすばやく（この物語を思い描くのにどれくらいかかっただろう？　せいぜい30秒から40秒くらいではないだろうか）、しかも完璧に憶えることができる。それは文脈（流れ）があるからだ。この方法は、つながりのない情報のかけらに意味をもたせる。論理的な流れの中に情報を埋め込むことで、情報に現実味のあるイメージを付加し、記憶しやすくするのである。

脳をだますテクニック

この方法では、一人称を使うことが大切である。自分自身を物語に登場させることで――

ボートに乗っているのは私ではなく、あなただ——脳に、あたかもこれが実際に自分に起こっていることのように思わせる。

しかし生き生きとしたイメージを描かないと、脳はなかなか現実のことだとは思わない。だから五感を総動員することが大切である。ボートに乗ってぼんやりしていたときに何が見えただろうか。海岸に近づいて行ったときにどんな音が聞こえただろう。日なたで熱くなったタイヤはどんな匂いがしただろうか。小包みの包み紙は何色だったか。タイヤを転がしているとき、足に伝わってくる砂の感触はどのようなものだっただろうか。このように鮮やかな光景を描くほど、記憶に残りやすくなる。

自分を主体にすることが効果的な理由は、ほかにもある。自分を主人公にすれば、そこで起こったことに感情を付加できる点だ。海の上に浮かんでいたときには、リラックスしてくつろいでいただろう。タイヤが急に止まったときには、ちょっとあわてたかもしれない。赤いボタンを押したときには、何が起こるのか不安だったに違いない。

自分の中の人間らしい感情、脆《もろ》さ、そして「現実感」を付加することで、脳はその話を真実だと思い、それによって記憶が定着しやすくなる。面白いことに、脳の回路、つまり個々のニューロン（神経細胞）やニューロンのネットワークは、真実と想像の区別がつかない。意識の主体である「あなた」だけが、真実を知ることができるのだ。だから脳をだますのは、実はそんなに難しいことではない。

視覚化の力

私のところに来る人の中には、自分にはそんなイメージを作れるだけの想像力がない、記憶術を身につけるのは無理ではないかという人も多い。でも、1つ憶えておいていただきたい。記憶する際に思い描くイメージは、可能性があるもの、少なくともつじつまが合っているものであることが大切だ。想像力を発揮することは、現実離れしすぎたものを作ることとは違う。多少変わっていて珍しいものであっても、理屈が通ったものであるか、可能性があることでなくてはならない。

例えば前章で取り上げたペンとスープの場合、確かに皿に入ったスープをかき混ぜるのにペンを使ったり、インクの代わりにスープを入れる人はいないかもしれない。しかし、まったく不可能なことではないはずだ。また、携帯電話を使うベートーヴェンの場合も、ベートーヴェンの時代に携帯電話はなかったけれど、もしあったとしたら、おそらくそれを使ってエージェントに電話をしたはずだ。そこにはちゃんと筋が通っている。想像力が必要だからといって、突飛な発想をする必要はないのだ。

安心していただきたい。今でこそ私は関連付けによってたくさんの情報を記憶できるようになったが、実際にはそんなに緻密なイメージを描いているわけではない。あるときはなんとなく形を描いて色をつけただけのデッサン調のものだったり、あるときは漫画のようなものだったりする。完璧な視覚化を行っているわけではなく、アイデアやシナリオを思い浮かべて、後はつながりをつける補助として必要なイメージを描くだけだ。でも、今から記憶力のトレーニングを始める人には、イメージをできるだけ強く描くことをお勧めしたい。それが楽に、自信をもってできるようになったら、記憶の達人への道のりがぐっと短くなる。

物語のメソッド

連想結合法についてもう1つ話しておきたい点がある。順番だ。第1章で行ったベンチマークテストでは、単語だけでなく並んでいる順番も憶えてもらった。単語を思い出しても順番が間違っている場合は減点とした。単語を「正しい」順につなげて憶えるための最も簡単な方法は、すべてのアイテムを順番に組み込んだ物語を作ることである。この場合も、物語に論理性をもたせる必要がある。アイテムを順に登場させて物語に仕立てれば、アイテムの順番が印象に残る。論理にのっとって物語を思い出していけば、アイテムを漏れなく順番に思い出すことができる。

この方法の素晴らしさを理解するため、次の演習をやってみてほしい。思い出せない言葉があったら、物語の中でその言葉につながるリンクが弱かったということだ。

演習5 物語のメソッドを使ってみる

この演習では連想結合法を使って物語を組み立て、次の10個の言葉を順番に（上の列から始めて右から左へ）憶えてもらう。自分で作った物語が一番効果的であろうから、ここでは私の作った物語の例は紹介しないでおこう。制限時間はない。好きなだけ時間をかけてかまわない。ただし、即座に浮かんだ結びつきが最も強力だということを心に留めておこう。直感を働かせ、感覚をフルに活用すること。物語ができたらこのリストを隠して、憶えた言葉を順番に書き出してみよう。満点が取れなかったら、物語の中にリンクが弱い部分があったということだ。もう一度挑戦して、弱かったところを補強しよう。

自転車	コンピュータ	はしご	枕	カメラ
ブーメラン	ケーキ	日記	石けん	キリン

第8章

ついに方法を見つけた！

ここまで関連付けがいかに重要かを説明してきたが、それは私がクレイトン・カーベロの記憶術の秘密を解明していった経緯を理解してもらうためである。私はあれこれ試すのも解決策を外に求めるのもやめ、自分の中の想像力、そして創造力を引き出すようにしなければいけないと認識した。そのような力は誰の中にでもある。私の開発したテクニックはあなたにも必ず役に立つはずだ。

私が初めて1組のトランプを憶えた方法はこんな感じだった。まず、カードを1枚1枚見て、そこから自分がよく知っている人や物を思い浮かべていった。例えば、ハートのジャックは叔父の顔、スペードの5は拳を握った手、ダイヤの10はダウニング街10番地の玄関の扉（ダイヤからはお金や富を想像した。ダウニング街10番地はイギリスの首相官邸がある場所である。番地名は「ダイヤの10」に通じる）といった具合だ。この3枚のカードの並びを憶えるには、前章の演習でつながりのない言葉を結びつけたのと同じ方法で3つのイメージをつなげればいいから、叔父（ハートのジャック）が拳（スペードの5）でダウニング街10番地の扉（ダイヤの10）をノックしている様子を思い浮かべた。

私は何時間もかけて、ゆっくりと確実に1枚1枚のカードに独自のイメージをつけていき、ついにすべてのカードをコード化した。そしてカードを切った。

52枚のカードを1枚ずつつなげて物語に仕立てるのには30分とかからなかった。叔父が雲の間を飛んできて、オレンジをハンモックから取り上げて放り投げる。ハンモックにはハチミツがべっとりとついている。ジャック・ニクラス（ゴルフの帝王だからクラブのキング）が2羽のアヒル（ハートの2。「数字形《すうじけい》システム」「数字の形を利用してイメージを作る方法。詳しくは第14章で述べる」では2をアヒルに置き換える。ハートは少し上を向いたくちばしに似ている）を掃除機で吸い取ろうとしている。アヒルは雪だるま（ダイヤの8。雪だるまは数字形システムでは8。雪だるまの首にダイヤのような氷柱《つらら》がついている様子をイメージした）に向かって何かぶつぶつと言っている——そのようにして不思議の国のアリスのごとくトランプの世界を巡り終えると、トランプを伏せて置いた。そして1枚ずつめくり、憶えているかどうか確認していった。52枚中41枚のカードを正しい順で思い出すことができた。初めての挑戦としては上出来だ。

とはいえ完璧にできたわけではないし、物語のメソッドをいかにうまく使ったとしても、カーベロの水準には届かないだろうと思った。彼が1組のトランプを憶えるのにかかった時間は2分59秒。私がいくらスピードを上げても3分そこらで憶えるなどできそうになかった。でも私は諦めなかった。成功はすぐそこだと確信していた。このところの目に見える進歩によって、私はこのシステムに改良を加え、記憶のための完璧な戦略をものにしてやるという決意を固めた。

最初のカードコード

物語のメソッドを使ってトランプのカードを憶える訓練を重ねるうちに、私はカード数枚ならつなげることはできても、全部つなげようとしたときにリンクが弱くて記憶から抜け落ちてしまうカードがあることに気づいた。具体的に説明するために、当時作ったカードのコードとそのコードに決めた理由を紹介しよう。

- ダイヤの4／現金：1ポンドコイン4枚を並べて四角形を作るイメージ。
- ダイヤの6／飛行機：数字の6は飛行機の翼の下についているジェットエンジンの形に似ている。飛行機は移動手段としては高価なので、財産、お金を連想させるダイヤのイメージに合う。

● クラブの5／私の愛犬：叔母の飼っていた犬はサリー（Sally）という名前で、頭文字のSは数字の5に似ている。サリーはジャックラッセルという犬種で、クラブを選んだのは武器を連想し、狩りが得意なジャックラッセルと結びつけようと思ったからだ。
● ハートの8／雲：8はふわふわした白い雲に似ている。ハートもどことなく雲を思わせる。
● スペードの3／森：スペードは木の形に、3（three）は木（tree）と語感が似ている。
● スペードの4／私の愛車：4から四輪を連想し、スペードからタイヤをイメージした。

カードのコードは人か動物、移動手段、場所の3つのカテゴリーのいずれかに入るものにした。52枚すべてのカードの数字とマークを書き出して、その隣に考えたコードを書いて憶えていった。これは骨の折れる作業に思えるかもしれない。確かに苦労したものもあったが、なかには瞬時に関連付けできるものもあり（ダイヤの7は映画『007／ダイヤモンドは永遠に』のジェームズ・ボンド、クラブの9はゴルファーのニック・ファルド［Nickから Nineを連想］など）、全体として見ればさほど滞りなく進められた。それに、このコードを憶えたらカーベロと並ぶことができる――いや、勝つことだってできるかもしれない――という思いがあったので、モチベーションを持ち続けることができた。

それから連想結合法を使って、各カードのコードを順番通りにつなげて物語を作った。想像していただけると思うが、つなげやすいものとそうでないものがあった。例えば、最初の

5枚がスペードの3、クラブの5、ダイヤの4、ダイヤの6、ハートの8だった場合には、森を思い浮かべ、その中で愛犬が現金を見つけて吠えている様子を想像する。そして飛行機が現金を回収しにやってきて、雲の向こうへと飛んでいく。これなら論理的で記憶しやすい。しかし、順番がちょっと変わっただけで、こうはいかなくなる。

例えば、ダイヤの6、スペードの3、クラブの5、ハートの8、ダイヤの4だった場合には、まず飛行機が森へ向かって飛んでいき、そこで愛犬が吠えている様子を想像する。ここまではいいのだが、次に、犬を雲に向かって飛ばさなければならない。そして雲の中に現金がある、といった物語になる。犬が雲に向かって飛ぶ——このつながりに現実味がないため、リンクが弱くなる。

問題は論理の破綻だけではなかった。突拍子もない発想でつなげると、リンクが弱くなるだけでなく、アイテムからアイテムへと発想を飛躍させるのに、とてつもなくエネルギーを消費するのだ。疲れるうえに、時間もかかる。それに間違えないという保証もない。

そして試行錯誤するうちに、ついにわかった。カードをコード化するという方法はよかったのに、使い方を間違えていたのだ。カードのイメージを決めてそれを並べるのではなく、頭の中でたどる場所とポイントをあらかじめ決めておき、各カードのイメージ（人、動物、物のいずれか）を、その場所の中のポイントに順番に配置すればいいのだ。ポイントが自然な順番に並んでいて、カードと場所のつながりがしっかりしていれば、確実に順番通りに思い出すことができる。これが私の探し求めていた究極の戦略「ジャーニー法」である。

コラム 発見の瞬間

ジャーニー法の発見の瞬間は衝撃的だった。あなたも今までに、そのような経験をしたことがあるだろう。自分が間違っていたことに気づき、それをどう修正したらいいかがわかったとき、心の底から自信がみなぎってきた。ありふれた物質から金属を作り出した錬金術師のような感覚だ。私はますます意欲的になり、1組、1組と練習を積んでいき、ついにカーベロに並び、そしてカーベロを超えることができた。私を変えたのは、コードよりも、トランプよりも、この自信だった。私は、意志があり道があれば、何事も達成できるということを学んだ。これこそが、私の学生時代に欠けていたものだった。

第9章

究極の戦略「ジャーニー法」への道のり

ジャーニー法は私の転機とはなったが、正直に言うと初期の方法は完璧には程遠いものだった。この方法に気づいてから、まず20カ所のポイントを通る旅を設定してみた。旅のコースを熟知していること（次のポイントはどこだろうと考えるのに時間を費やしたくはない）と、カードのコードとポイントとのリンクを強くしなければいけないということはわかっていたので、私は、自分が住んでいる村の散歩コースを最初の旅に選んだ。最初の5つのポイントは次のとおりだ。

ポイント1　自宅の門
ポイント2　隣の家
ポイント3　バスの停留所

ポイント4　売店
ポイント5　駐車場

カードにつけたコードも見直し、それまで「場所」のイメージをつけていたカードについては、「物」のイメージに変更した。そうしないと、場所に「場所」のイメージを置くことになり、2つの場所が並ぶので混乱を来《きた》すからだ。例えば、森のイメージだったスペードの3は丸太にした。それから雲というぼんやりしたイメージだったハートの8を「私」にした（どういうわけだかハートの8を憶えるのが苦手だったので、いっそ「私」のイメージにしたのだ。そうすればどんな状況でも簡単に関連付けができる）。旅のコースとカードのコードを決めたら、あとは旅をしながらポイントの場所でカードのコードをイメージすればいい。

例えば、ダイヤの6、スペードの3、クラブの5、ハートの8、ダイヤの4を私は、このようにして憶えた。

- 家の門に飛行機（ダイヤの6）が停まっている様子をイメージする。
- 隣の家のフェンスに丸太（スペードの3）が立てかけてある。
- バス停で愛犬（クラブの5）が飛び跳ねながら道路に向かって吠えている。
- 売店に私（ハートの8）がいて、新聞を買っている。

・駐車場に札束（ダイヤの4）が置かれている。

このようにして20カ所のポイントを通っていったところ、20枚のカードを1枚も間違えることなく憶えることができた。熟知した旅のコースを進んでいくことにより、順番通りに自然にカードを思い出すことができるようになったのだ。そこで今度はコースを延ばし、52カ所のポイントを設定してみた。自宅の門を出て村へ向かい、パブを回ってクリケット場を通り、眺めのいい小道を抜けてボーリンググリーン（芝のボーリング場）まで行く。そうすれば1組のカードを全部並べることができる。

頭の中でこのコースを2、3回歩いてから、1組のカードを憶えにかかった。その結果、なんと10分足らずで52枚のカードを完璧に憶えることができた。このとき、私はいつかカーベロの2分59秒という記録を破ることができると確信した。それも時間の問題だ。

欠点の克服①——幽霊の呪縛

この方法は1組のトランプを憶えるのには完璧だった。でも、何回か繰り返してみると、前回の関連付けが強すぎて今回のイメージと一緒に前回のイメージが幽霊のように出てきてしまい、どちらが今回のものだったかわからなくなる場合があることに気づいた。だが、これは簡単な方法で解決できた。旅のコースを増やすのだ。私は6つの旅を設定し、順に使うことにした。そうすれば、次に使う頃には前に置いたイメージは消えている。

新しい旅を考えるときには、ポイントを思い出しやすいように、自分が慣れていて、刺激と面白みがあるコースを設定することが大切である。そうして使っていくうちに、使いやすいコースだけが残る。私の場合は気に入っているゴルフコースがいくつかと自宅（室内でもコースがたどりやすく、ポイントを思い出しやすいなら十分に機能する）、自分が住んでいる村などを巡るコースを愛用している。

試行錯誤していくうちに、うまくいかないルートは使わなくなり、使いやすいルートだけが残った。似たようなポイントが並んでいるコースは失敗だった。ある街の52の店を巡るコースで記憶してみたところ、店の並び順が思い出せず、また店どうしの区別をつけるのも難しくて、うまくいかなかった。間もなく私は、ポイントのみならず、そのポイントでの自分の行動にも多様性をもたせることが大切だとわかった。

例えば、街を巡るコースを作る際には、建物に出たり入ったり、塀を乗り越えたり川を渡ったり、公衆電話ボックスに入ったり、あるいは立ち止まってレストランのメニューを眺めたり、それからぶらぶらと歩いて銅像を眺めたりと、行動に変化をつける。そのようなコースならば歩いていても面白いし、おのずと記憶に残りやすくなる。そして1、2度その街を頭の中で歩いただけで、わざわざコースを思い出そうとしなくても自然に道をたどることができ、各ポイントが情報を引っかけるフックとして機能するようになる。

コラム 街の変化にどう対応するか

実際の街の光景の変化に応じて記憶のためのコースも変えているのかという質問をたびたび受ける。その答えは「ノー」である。1度しっかりとしたコースができたら、次のポイントからポイントへと考えなくても移動できるようになる。そのコースに変更を加えるのは混乱のもとだ。実を言うと、私はそうしたコースができたら、そのコースがある場所にはなるべく行かないようにしている。書店がレストランになったとか、建物が取り壊されたとか、公衆電話ボックスが撤去されたとか、そういった情報を知りたくはない。

欠点の克服②——記憶に残らないカード

私のシステムには、ほかにもまだ確実性に欠ける点があった。カードによって思い出すのに時間がかかったり、あるいはまったく思い出せなかったりするものがあったのだ。私は、物のイメージのカードより人物のイメージのカードのほうが記憶に残りやすいことに気づいた。人物ならばポイントごとに何かしらの行動をとることができるし、感情もあるので漠然とした光景を悲惨なものや美しいもの、滑稽なものなど、さまざまなものに変えることができる。感情を記憶に注入することでぐっと憶えやすくなるということに気づいてから、私は自分のコードを全部、人物（プラス好きな動物）に変更した。

スペードの3は最初は森、次に丸太へと変更したが、最終的にはマルコムという私にいつも薪《まき》を届けてくれる男性にした。ダイヤの6は飛行機から、かつて航空会社で働いていたティムという友人にした。そうしてカードのイメージを見直していき、ほとんどすべてのカードが印象的な人物になった。そこには知人だけではなく、有名人も加えた。

例えばハートの3はベバリー・シスターズ（1950年代から60年代にかけて活躍していた3人組の歌手）に、クラブのキングはジャック・ニクラウスからアドルフ・ヒトラーに変えた（クラブは私にとっては独裁者のイメージだ）。それから30年たった今では52枚のイメージはすっかり定着し、変更する必要もほとんどなくなった。なかでも、これからも永遠に変わることのない特別な1枚がある。クラブの5——年を取った私の愛犬だ。

第10章 ジャーニー法を使ってみる

昨日の行動を詳しく思い出しなさいと言われたら、私はまず、1日の初めに自分がいた場所を思い浮かべ、そこから自分が過ごした場所を頭の中で歩きながら、そのときに何をしたかを思い出していく。昼食に何を食べたか聞かれれば、自宅の食卓や職場、カフェやレストランなど、食事をとった場所にいる自分を思い出し、それからそのとき食べたものを思い出していく。歩きながら携帯食を食べた場合でも、まず場所を思い出し、自分がそこで何を食べたか思い出していく。このように場所さえ思い出せたら、そこから記憶をたどり、そこでとった行動や食べものを思い出すことができる。

場所は記憶をつなぎとめる錨《いかり》、つまり行動を思い出すための拠点となる。場所という拠点がないと思考も記憶も脈絡なく散乱したままで、再現できない。例えば自分の経歴を誰かに話すときには、自分が住んでいた町や村をたどりながら、そのときの私の行動を言葉にしていく。学生時代のことを思い出すには通っていた学校のイメージを描くし、社会人になってからのことは職場を頭に描き、そこにいた自分を思い出す。

記憶力を大きく伸ばすための3つの鍵は、関連付け、場所、想像力――モハメド・アリ（Association《関連付け》、Location《場所》、Imagination《想像力》）と憶えよう。これに気づき、ジャーニー法と出会えたことで、クレイトン・カーベロの妙義をテレビで見たときに立てた目標を達成するための究極の策にたどり着くことができた。

ジャーニー法を使ってみよう

ここまで私がジャーニー法を使ってどのようにトランプを憶えたかという話をしてきたが、今度は私と一緒に実際にやってみてほしい。まずは以下の家の中の7つのポイントをたどってみよう。

ポイント1　寝室の窓
ポイント2　ベッド脇のテーブル
ポイント3　階段の踊り場
ポイント4　浴室

ポイント5　シーツをしまう戸棚
ポイント6　居間
ポイント7　台所

このコースをイメージする際、あなたの家と違っていても心配することはない。この練習を終えてから、後で自分の家に合わせて修正すればいい。今はまず、この7つのポイントを頭に描き、行ったり来たりしてみよう。それが完璧に想像できるようになったら準備は完了だ。いよいよ各ポイントにアイテムを置いていく。前章で物のイメージよりも人のイメージのほうが記憶に残りやすいという話をしたが、この方法に慣れるには、物を憶えてみるのもいい練習になる（日常生活では、買い物リストや誕生日にもらった物など、物を憶えておく必要がある場面も多い）。

意外に聞こえるかもしれないが、この練習をするときには、個々の物をことさらに憶えようとしないこと。ジャーニー法が素晴らしいのは、労力がいらない点だ。想像力を働かせ、慣れた道を歩きながら関連付けを行っていけば、自然に順番通りに思い出せるので、必死に憶えようとする必要はない。ただし、最初に浮かんだ関連付けは最も強力なので、それを大切にしよう。さて、憶えていただくアイテムは次のとおりである。

羽毛、ティースプーン、デッキチェア、かたつむり、傘、バラの花、ハンモック

ポイント1　寝室の窓／羽毛

寝室の窓の脇に、白い羽毛がはらはらと落ちる様子をイメージする。このイメージに意味をもたせるために、羽毛がここに舞っている理由を考えてみよう。そうすることで記憶に刻みつけやすくなる。無理のない理由としては、鳥が落としていった、または、風が吹いて雨どいの中の巣にあった羽毛が舞った、あるいは、窓から強い風が吹き込んで布団や枕から羽毛が出てきたといったところだろうか。自分にとって一番自然な理由を選び、関連付けていこう。

ポイント2　ベッド脇のテーブル／ティースプーン

ベッド脇のテーブルの上にティースプーンが置いてある様子をイメージする。ただし、これだけだと印象に残りにくいので、ここでもスプーンがそこに置いてある理由を考えてみよう。すると、朝ここで紅茶を飲むのに使った、あるいは、眠る前に薬を飲むのに使ったという理由が浮かんでくる。何度も述べているように、関連付けを強固にするにはいろいろな感覚を働かせることが大切である。例えば、頭の中でスプーンをなめて味を想像すれば、なぜスプーンがここに置かれているのか、何に使われたのかということを、より鮮明に思い描

くことができるはずだ。自分の想像した世界にどっぷりと浸ろう。

ポイント3　階段の踊り場／デッキチェア

踊り場にデッキチェアが置いてある様子をイメージする。ここでさまざまな感覚を総動員させよう。デッキチェアの色は？　フレームは木製か、それとも金属製か？　質感はなめらかか、ざらざらしているか？　デッキチェアをよけて通ろうか、いやどかしたほうがいいだろうか？　そもそもなぜこんなものがここに置かれているのだろう。納戸にしまう途中だろうか、あるいは子供たちが遊ぼうと思って運んできたのか？　自分が作るイメージの中ではあなたはスターだから、このデッキチェアをよけて通るのか、それとも片づけるのか、自分にとって自然な行動をとればいい。邪魔になるなと思ったら、その感情を利用して情景をもっとリアルに思い描こう。前述のように頭の中で自分らしい感情や現実感を付加することで、脳はそれが実際に起こったことだと錯覚しやすくなる。

ポイント4　浴室／かたつむり

これは無理のないロジックを描きにくいので、少々難易度が高い。こういう場面こそ、第6章で練習した関連付けの力の出番である。かたつむりは、バスタブ、壁、洗面所とあちこちにいるのか、あるいは床のタイルに1匹のかたつむりが這った跡がついているだけなのか、それとも巨大なかたつむりが1匹いるのか？　サイズを誇張するというのは論理を破綻させるし、脳に不必要な負荷をかけるので、個人的にはかたつむりの這った跡など現実味のあるイメージを描くことが多い。

ポイント5　シーツをしまう戸棚／傘

コース中に出てくる戸棚は必ず開けてみよう。ここでは、扉を開けると鮮やかな赤い色の傘が転がり落ちる様子をイメージする。記憶する際に色彩は重要だ。それによって関連付けが鮮明なものになる。傘が床に落ちたときの音も想像する。そして戸棚の中に傘がある理由を考える。また、その傘は閉じているのか、開いているのか？　小さな折り畳み傘か、それとも長い柄のついた大きな傘か？　誰の傘だろう。拾ってまた戸棚に戻そうか。縦横無尽にイメージを膨らまそう。

ポイント6　居間／バラの花

居間のテーブルの上に花瓶があり、そこに明るい黄色のバラが活けてある様子をイメージする。そして、居間にはバラの匂いが漂っている。色はあなたの好きなように変えていい。私はバラを受け取った人はうれしかっただろうと考え、自分のハッピーカラーの黄色を選んだ。何の贈り物だろう。誕生日のプレゼントだろうか。

ポイント7　台所／ハンモック

鮮明な情景や関連付けが浮かばない場合は、自分を登場させる。台所の戸棚の取っ手からハンモックがぶら下がっていて、裏口への通り道をふさいでいる。ハンモックに乗って、左右に揺れ、冷蔵庫にぶつかったりする様子をイメージしよう。

さて、これで旅は終わった。あなたは次の質問に（頭の中でシーンを回想して）きっと簡単に答えることができるだろう。

- 浴室には何があったか？
- バラの花があった場所は？
- リストの４番目のアイテムは？
- 羽毛とかたつむりの間にあったアイテムは？
- ７つのアイテムの順番は？

それでは次の演習に進もう。終わったら「解説」を読んでほしい。

演習6 ジャーニー法を使ってみる

それではいよいよ、あなたひとりでジャーニー法に挑戦していただきたい。今回は私の誘導はないので、あなたひとりの力で、あなた独自の関連付けを行っていってほしい。そのほうがずっと強い関連付けができるはずだ。次のステップに沿って進めていこう。最初に浮かんだ結びつきを大切にし、感覚を総動員してできるだけ鮮やかなイメージを描こう。

1. 自宅、あるいは近所に12のポイントがあるコースを作る。無理のない自然な道順にすること。例えば、1つ目のポイントが寝室で2つ目が台所、そして3つ目が寝室横のトイレというような設定にはしないように。また、1度通った場所には戻らないようにしよう。ポイントを書き出して旅の計画を立てるのもいい。1987年に私が初めて自分のコースを組み立てたときも、そのようにして考えた。
2. 頭の中でそのコースをたどる。コースを逆にたどれるくらい自信をもって思い描けるようになるまで繰り返す。実際にそのコースを歩いてみるのもいいだろう。
3. 自信をもってコースをたどれるようになったら、ジャーニー法を使って次の12のアイテムを順に憶えていく。鮮やかなイメージを思い描くこと。論理的思考力と創造的思考力、感覚と感情を働かせよう。コースを歩いているときにそれまでに憶えたことを確認したくなっても、戻ったりしないこと。自分の脳の力を信じ、自信をもってこのコースを進もう。制限時間は特にないが1、2分あれば十分だろう。

〈アイテム〉

ケーキ　馬　新聞　やかん　鞭《むち》　大砲　バナナ　電話

エルヴィス・プレスリー　万華鏡　ベル　コーヒー

4. リストを隠して、アイテムを書き出してみよう。順番通りにいくつ思い出せただろうか。アイテムによって、思い出しやすいものとそうでないものとがあるだろう。例えば、エルヴィス・プレスリーは比較的思い出しやすいはずだ。前にも話したとおり、ジャーニー法では物よりも人のほうがはるかに憶えやすい。9個以上思い出せれば合格だ。

5. 最後の仕上げとして次の質問に答えてみよう。

- エルヴィスとベルの間にあるアイテムは何か?

- 3番目のアイテムは何か?
- 大砲はリストの何番目にあるか?
- バナナの次のアイテムは何か?
- リストを最後から逆に思い出してみよう。

最後のアイテムから逆に思い出していくのは、かなり難度が高い。まずは12個をすべて思い出せたら、自分を誉めていいだろう。でも、できなかったとしても心配することはない。練習すれば必ずできるようになる。

解説――ジャーニー法の秘密

ここで1つ考えてみよう。今の演習で、あなたは右脳と左脳のどちらを使っただろうか。また、五感のうちいくつの感覚を使っただろうか。間違いなく右脳と左脳の両方を使い、五感を総動員したはずだ。

左脳が順番、論理、言葉、分析、数字に関する処理を行い、右脳がイメージを描き、色を感じ、次元(物体の大きさや形状)を扱い、空間認知(場所や位置の感覚)を行う。そして感覚を使って、味、手触り、光景、匂い、音を感じる。このように、ジャーニー法は脳の2つの領域と感覚をバランスよく使っている。

この演習は、本書の中でも特に重要な位置づけにある。なんといっても、あなたが初めて自分で旅を組み立て、それを使ってアイテムを記憶したのだから。ジャーニー法についての知識や私の体験についてはいくらでも話すことができるが、自分で旅を組み立てるところから実践してみないとなかなかピンとこないし、記憶力の向上にはつながらない。この演習は、今まで私が説明してきたことのまとめになる。演習を通してジャーニー法の素晴らしさを体感していただけたことと思う。

コラム　すべてはギリシャから始まっていた

トランプのカードを憶えていくなかで、私は並んでいる情報を憶えるにはジャーニー法を使うのが最適だという結論に達した。私は、これを自分が編み出したシステムだと思っていたのだが、その数年後に、この方法がなんと何千年も前に発見されていたということを知る。

古代より世界各地の人々は、口伝によって慣習や文化を次の世代に伝えていた。筆記用のパピルス［訳注：多年草のパピルスの茎の繊維で作った紙］はとても貴重だったため、古代ギリシャの人々が記憶の手段としてロキ（場所）の考え方を使っていたことがわかっている。そう、私がこの方法を見つけたはるか前から！　彼らはどのようにしてこの方法を思いついたのだろうか。

この記憶法の発明者は、ギリシャの詩人シモニデス（紀元前556頃～同468頃）だと言われている。シモニデスがある祝宴に招かれていたときのこと。その最中に使いの者がやってきて、2人の客人が彼に会いにきているという。そこで外に出たまさにそのとき、大きな地震が起き、宴会場は崩壊した。中にいた客人たちは皆、がれきの下敷きになった。その後、シモニデスは、客人たちがどこに座っていたかを思い出し、死体の身元を特定していく。これが記憶術（場所法）の誕生の瞬間だと言われている。それ以降、古代ギリシャの弁論家たちは、自分のスピーチの要点を頭の中にイメージした道に順番に配置して暗記していった。

ジャーニー法は私が発見したものではなく、すでにずっと前から使われていた方法だったということを知ったのはショックではあったが、安心もした。古代ギリシャの人たちにとってこの方法がそれほど有効だったのなら、私は価値ある発見をしたことになるからだ。

第11章　ジャーニー法の効果を検証する

　これまでの話で、アイテムを記憶するには自分が知っているコース（現実のコース）を使うのが効果的だということをおわかりいただけたことと思う。ところで、この効果を裏づける科学的なデータはあるのだろうか。この方法を繰り返し練習すれば、誰でも記憶力が伸びるのだろうか。なぜこの方法は、これほど効果的なのだろうか。

　２００２年に私は、９人の「記憶の達人」とともにロンドンの神経学研究所が主催する、ある試験に参加した。私たちが情報を記憶するときに脳で何が起こっているかを調べる研究である。

　試験では、それぞれの参加者の脳にｆＭＲＩ（機能的核磁気共鳴画像法）のスキャナーをつけ、脳の構造に何か特異なところがあるか、情報を憶えるときに脳がどのように働いているかを調べた。そしてそのデータを、記憶テクニックに関する知識のない対照群（比較のため同じ条件で試験を行ったグループ）と比較した。その結果、私たちの脳には構造的にはなんら特別なところは認められなかった。記憶の達人たちの脳は、いずれも一般の人の脳と変わらなかったのだ。

しかし、この試験では、記憶の達人が情報を憶えるときに「空間認知を利用した戦略」を使っているということが科学的に証明された。記憶の達人が記憶する際には、脳の海馬《かいば》という空間記憶に関与する部分が活発に活動していた。空間記憶とは、周囲の状況についての情報を記録するときや、自分のいる場所（部屋や建物、公園、町など）を判断するときに使う記憶のことである。言ってみれば、海馬は道先案内人であり、海馬が活発に働いているということは、ジャーニー法の効果を説明するものと言えよう。

私が大量の単語や数字、トランプのカードを憶えるときには、好きなゴルフコースや休日に出かける場所、街や村、友人の家や庭、お気に入りの散歩道などを頭の中でたどる。つまり、そのたびに海馬を活動させることになる。そうすると海馬の機能が向上し、結果的に記憶力が鍛えられていく。

こんな研究結果がある。ロンドンのタクシー運転手は、「The knowledge（知識）」という非常に難しい資格試験のため2、3年かけて2万5000に及ぶ街の通りを憶えるのだが、彼らの脳の海馬が、一般の人と比べてわずかながら大きいことが示された。しかも、経験を重ねた運転手ほど海馬が大きくなっていた。これは紛れもなく、長時間にわたって道をたどる仕事をしてきた結果であろう。腹筋運動によって割れた腹筋が手に入るのと同じ理論である。

場所の感覚とエピソード記憶

自分の家の台所のようによく知っている場所にはたくさんの思い出が付着しているので、その空間の見方もさまざまに変わってくる。思い浮かんだ記憶によって、その空間がまったく違ったものに見えることすらある。例えば、今、昔からよく知っている場所でこの本を読んでいる方は、試しに周りを見回してみてもらいたい。そして、昔あるいは少し前にその場所にいた自分の様子を思い出してほしい。その思い出によって、今いる空間が違ったものに感じられるのではないだろうか。

ある記憶が発端となってどこかの場所を思い浮かべるとき、思い出の醸し出す雰囲気によって、その場所が違って見えることはないだろうか。場所の感覚は空間認知だけでなく、私たちのエピソード記憶（自分が体験した出来事の記憶）にもつながっている。エピソード記憶は、言ってみれば脳に刻まれた自叙伝である。あなたの人生の中の1章（あるいは複数の章）が刻まれている場所なら、その場所に植えつけた情報は強く記憶に残る。つまり、そのような場所は記憶のツールとしてきわめて有効に機能することになる。

私は好奇心から、仮想の世界でもこういった記憶のツールとして使える場所を作れないかと考えた。そこで、ゲームソフトを使って仮想の世界に情報を記憶するための場所を作り、試してみた。記憶力選手権でもこうして作った仮想の場所を使ってみたが、その場所の感覚を得ることはできたものの、実在する場所ほどの効果はなかった。どういうわけだか、脳が受けつけなかったのだ。そこから得た結論は実にシンプルなものだ。最も効果的な場所は、エピソード記憶が豊富にあり、強い空間認知が得られるものである。つまり、自分が最もよく知っている場所がジャーニー法に最も適した場所なのである。

フォン・レストルフ効果

ジャーニー法が記憶に有効な理由は、場所の感覚だけにあるわけではない。イメージをそれぞれの旅に付加する方法も、その効果に大きく関わっている。1933年、ドイツの心理学者ヘドウィグ・フォン・レストルフが記憶しやすいものの特性を調べる実験を行った。そして、記憶しやすさの1つの基準に「個別性」があるとの結論を出した。ほかと違った形、大きさ、色をしていたり、ほかと明らかに違う特徴のあるものは憶えやすいのである。

例えば、赤いポピーが一面に咲いている中にヒマワリが一輪咲いていたり、黒いネクタイの人ばかりのところに白いネクタイの人が1人いれば、非常に印象に残る。これは具体的なものでも抽象的な概念でも同じである。例えば、ランタン、馬のあぶみ、時計、耳、花瓶、ジョニー・デップ、車、ネックレス、一輪車、スーツケース、ボート、ハンマー、スプーンという言葉の中で、一番目立つのはジョニー・デップだろう。それは、彼が有名だからではなく、無生物が並ぶ中で、彼だけが唯一の人間だからである。

これは「フォン・レストルフ効果」と呼ばれるが、これもまた、ジャーニー法が記憶に有効な理由を説明するものと言えよう。場所に関連付けることで、個々のアイテムが飛びきりユニークなものとなる。例えば、「ボート」というアイテムが、地元の戦没者記念碑を巡るルートの中では巨大な戦艦になり（ボートと戦争という結びつきからの発想だ）、記念碑の上に置かれる。ぐらぐらと揺れて不安定なので、ひっくり返らないかと心配になる。このときボートは私の中で特別なもの――フォン・レストルフ効果で言う記憶に残りやすいもの――に変換される。つまり、憶える対象がいかにありふれた、印象の薄いものであっても、ジャーニー法によってそれを憶えやすいものに変換すれば、記憶に残るものとなるのだ。

コラム　常にスイッチをONにしよう

私はジャーニー法のコースを、建物に出たり入ったりできるように設定していった。建物に入って出るという自然な行動の流れによって注意力が持続するし、ポイントが屋内と屋外の両方になるのでマンネリにならずにすむ。違う空気を感じることはちょっとした刺激になるので、集中力が途切れたり、油断するのを防ぐ効果もある。例えば、最初に作った玄関から出て住んでいた村を回るルートでは、店に出たり入ったりする動きを加えた。旅行代理店に入ったときには室内のむっとした空気を感じ、外に出ると新鮮な空気を感じて心地いい——現実の世界と同じである。これも脳に、実際に起こっていることだと錯覚させるためのアイデアである。

第12章

効果的な旅《ジャーニー》を設定するための5つのヒント

実は私には強迫神経症的なところがある。ジャーニー法によって1組のカードを憶える記録でクレイトン・カーベロに並ぶことができたが、その後、カーベロが6組のカードで世界記録を達成してギネスブックに載ったことを知った。それからというもの、私は1組のカードでできたのだから6組でも彼に迫ることができる、いやそれ以上の枚数だってできる、自分の名前をギネスブックに載せることだってできるはずだという考えに取りつかれた。ジャーニー法に出会った今、カーベロの記録を破るまでは立ち止まれないと思った。やるべきことは、コースの数を増やしてもっとたくさんのトランプを憶えることだ。6組のトランプを憶えるには、6本のコースを設定して、それぞれに52個のポイントを置けばいい。

私は4時間近くかけて、3つのゴルフコース、幼少時に暮らした2軒の家、かつての職場があったイースト・サセックスのハスティングを巡るコースを作った（ゴルフをしない方は、ゴルフコースなどどれも似たようなものではないか、区別がつくのかと思われるかもしれない。でもゴルフ好きの方ならわかってもらえるだろうが、どんなゴルフコースにもそれぞれ特徴的なスポットがあり、起伏があって、個性がある)。このコースを使って6組のトランプを記憶するのだ。完璧に!

頂点に立つ、そしてギネスブックに載るという目標に向けてこのシステムの改良を重ねるうちに、記憶力を伸ばすには、旅をたくさん用意しておいて自由自在に使えるようにしておかなければならないということに気づいた。何年もかけて、ジャーニー法に手を加えて完璧にしただけでなく、旅のコースも増やした。このシステムに取り組み始めてから、その後世界記憶力選手権に出場していた十数年間は1年に数本、新しい旅を加えていったが、選手権から離れてからも1年に1本ずつ旅を加えていった。今では、52のポイントがある旅を70本用意して、繰り返し使っている。選手権で膨大な量の情報を記憶するためのものもあれば、TO-DOリストやプレゼンテーションの骨子を憶えるなど、専用の目的に使うものもある。

ご参考までに、私の愛用しているコースのベスト20、つまり私にとって親しみがあり、使いやすい旅を挙げると、3つのゴルフコース、6軒の家、5つのホテル、3つの町、2つの学校、そして教会となる。いずれのコースも隅々まで知っていて、記憶を刻みつけた場所だ。私はこれらのコースに1から20までの番号をつけ、複数のコースを使う必要がある場合には順番に使うことにしている。旅のコースを決めるのに絶対的なルールというのはないし、人によってどのような旅がいいかは違ってくるが、効果的な旅を選ぶためのヒントを5つ紹介するので参考にしていただきたい。

1　よく知っているコースを選ぶ

コース自体よりも憶える対象に集中することが大切なのは確かだが、それでもポイント間の移動をスムーズにすることで憶える時間をいくらか短縮できる（私はこれによって、記憶のスピードでもギネスブックに載ることができた。本章のコラムを参照）。いつも犬を散歩させる森、自宅、かつて住んでいた町などは、いずれも記憶ツールとして最高だ。道を知り尽くしているので、前方へも後方へも自由に行き来できるし、1つのポイントから次のポイントまでほとんど考えることなく移動できる。ポイントからポイントへと歩く自分を想像するのではなく、ポイントにいる自分のスナップショットを次々とスライドショーで見るような感覚になる。ただし、すぐにこのような感覚が得られるわけではない。やはり最初は何度も「歩く」ことが必要であるが、旅が自分のものになれば、いずれはポイントからポイントへと飛ぶように移動することができるようになる。

2　自分にとって意味のあるコースを選ぶ

最初に挙げたヒントとも関係するが、重要なことなので個別に取り上げたい。記憶作業に取りかかるときには旅の最初のポイントに自分自身を置くことになるが、そのポイントに実際にいるような気分になるには多少の時間がかかる。周囲の空気を十分に感じとり、その場所でかつて自分が覚えた感覚をよみがえらせる。そうして脳に自分がまたこの場所に来たと錯覚させるわけだが、このときにリアルに感じられるほど記憶は強固になる。今の、あるいは過去の自分にとって大きな意味のある場所なら豊かな感情が詰まっているので、記憶にも残りやすい。私のお気に入りは、自分が幸せだと感じることができる場所を通るコースである。

3　バラエティに富んだコースを選ぶ

旅のコースを決めるときは、各ポイントがバラエティに富んでいて、いろいろな面白い場所に行けるようなコースにしよう。よく、いつも利用している電車のルートを使って憶えようとする人がいるのだが、たいてい3、4駅過ぎるとどの駅も似たような感じがしてしまい、記憶がこんがらがって憶えられなくなってしまう。

私が記憶力トレーニングの授業で、新聞の各ページの見出しを憶えるという課題を出したときのこと。自分で作ったコースを使って憶えてもらったのだが、生徒たちは最初の3つか4つの見出しを思い出すのがせいぜいだった。その後、私が城を巡る旅を設定し、みんなでそのコースを頭の中で歩きながら憶えていった。城には興味深いポイントがいくつもあるので楽しい旅になる。

まず講堂で最初の見出しを見て、次にチェス台が置いてある部屋に移動して、2ページ目の見出しを見る。その次に食堂に移動して、3ページ目の見出しを確認する。そうしてそれぞれのポイントで各ページの見出しを憶え、城をぐるりと回ってから庭に出て、最後に駐車場を通ってから講堂に戻ってくる。この旅により、生徒たちは今度は皆、すべてのページの見出しについて何らかを思い出すことができた。魅力ある旅を設定することでいかに記憶力が伸びるかということがわかるだろう。

建物に出たり入ったり、道や川、野原を横切るなど、それぞれの旅にできるだけ個性豊かなポイントを作ろう。光景が変われば集中力や注意力が削がれないし、どこにいるかを常に認識することができる。

4 記憶する対象にふさわしいコースを選ぶ

憶える対象によって適した旅というのがある。一般的には、スピーチや名前を記憶するには屋外の広い空間が適している。私はスピーチを憶えるときには、あるゴルフコースを思い描く。これは個人の感覚にもよるのかもしれないが、スピーチを憶えるには特に屋外のほうが融通がきくように思う。複雑な内容を憶える際には、そのイメージ自体が複雑なものになり、また引用語句を記憶するなど、1つのポイントにいくつかの関連付けをしなくてはならない場合も出てくるので、イメージを置く十分なスペースがあったほうがいいからだ。

同様に、名前を憶えるときには郊外の道を思い描く。名前によっては（特に3、4音節以上のものなど）、1つのポイントにいくつかのイメージを置く必要が出てくるが、郊外の広々とした道なら対応できる。各ポイントの周りにゆったりとした空間があれば、制約なく自由に複数のイメージを置くことができるからだ。

逆にカードを憶えるときには、1枚のカードにつき1つのイメージを作り（あるいは2枚のカードを1つのイメージにすることもあるが、これについては後述する）、数字を憶えるときには、2つの数字を1つのイメージにする（これについても後述する）。そのため、カードや数字については、屋内の各ポイントに1つのイメージを置くのがうまくいく。もちろん、これは個人の感覚にもよるので、自分に合った方法を見つけることが大切である。

5　立つ位置に迷わないポイントが設定できるコースを選ぶ

旅のコースを歩くときには、私は毎回必ず、各ポイントで同じ場所に立つ。そこで何を見るかも決まっている。例えば、旅行代理店ではドアの内側に立って、壁のポスター広告を見る。踏切に来たら中に入ってそこから道路を見る。洋品店では窓の外から中をのぞく（決して中に入って外を見ることはない）。こうして立つ場所を決めておくことで、ポイントからポイントへの移動をスピードアップすることができる。景色を眺める場所が直感的にわかるようなポイントを設定すれば、毎回どこに立とうかと迷わなくてすむからだ。

コラム ギネスブックに載る

たくさんの旅を準備しても、ギネスブックに載る夢はすぐには実現しなかった。最初の挑戦は1988年。このときは、シャッフルしたトランプのカード6組を1度見ただけで憶えることに成功した。1枚のミスもなかったが、同じ年に、イギリス人のジョナサン・ハンコックが7組のカードを憶え、私の記録を抜いてしまった。

決意を新たに挑戦したのが翌1989年の6月11日で、このときは25組のカードを4つのミスだけで憶えたが、まだ記録には足りなかった。そして1990年7月22日、35組のカードを2つのミスのみで憶えることに成功し、ついにギネス（1991年版）に載った。

ギネスブックの発売日には休暇を取って書店に走った。これまでにないほど興奮していた。これで私の人生は変わるのだと思った。でも私にとってもっと大きかったのは、自分の名前が印刷されているのを見て、自分は学校でずっと言われていたような「頭が空っぽの人間」ではないと確信できたことだ。私の後押しをしてくれたのは、何よりも自分を信じる気持ちと、絶対にやってやるという決意だった。

今日ではこの記録は破られてしまったけれども、私はほかにもいくつかの世界記録でギネスブックに載っている。記憶への挑戦はもはや私の人生の一部となった。憶えたカードの数だけでなく、記憶のスピードでも記録をもっている。スピードに関しては、１９９６年にイギリスの「レコードブレイカーズ」というショーで1組のトランプを38・29秒で記憶し、カードの数に関しては、２００２年5月に54組のカードを1度見ただけで記憶（エラー数8）したことにより、世界記録を達成した。

第13章

復習5回の法則

前章で、1度見ただけでカードの枚数を記憶する世界記録を作った話をしたので、私が旅のコース上のポイントに1度イメージを置いただけで、それを成功させたような印象を与えてしまったかもしれない。しかし、大量の情報を実際に記憶するプロセスは、そんなに簡単なものではない（スーパーマンでもない限り無理だろう）。

世界記録に挑戦しようと思ったとき、私は、前に置いたアイテムのイメージが薄れていくという弱点に気づいた。そして、これを克服するには「復習」の時間を取ることが必要だと考えた。どのようなタイミングで、何回くらい復習をすればいいのかを知っておくことが成否の分かれ目になる。これは憶える対象がカードであれ、買い物リストであれ、会議の資料や試験の内容であれ言えることである。

復習は、皿回しの曲芸に似ている。曲芸師が垂直に立てた棒の先端で皿を1枚ずつ回転させていく。10枚目を回す頃になると最初に回した皿がぐらつき始めるので、調整を加えてバランスを保つ。そうしてどんどん回す皿を増やしていき、最終的には30枚以上の皿を同時に回転させる。

たくさんの情報を憶えるときも、これと同じようなことが起こる。大量のカード、数列、人の名前などを憶え始めると、ある地点で——試行錯誤しながら経験を積んでいくうちに、それがどこだかわかってくる——最初の頃に憶えた情報がぐらつきだす。だから、完璧に記憶したいと思ったら、効果的な復習の方法を学ぶことが大切である。

5回の法則

限られた時間で大量の情報を憶えなくてはならないとき、私の場合は情報を定着させるために復習を5回行う。回数が多いほど記憶は強くなり、長期間保存できるが、選手権や人の名前を即座に憶えなくてはならない場合など、時間がない場合は5回行うのを基本にしている。

前に話したように、2002年に私はシャッフルした54組のトランプを記憶して世界記録を作った。いずれはこの自分の記録を破って、100組のトランプを憶えるつもりだ。5200枚のカードがシャッフルされ、52枚ずつ100の山に分けて机の上に伏せて置かれている。そのすべてのカードを1度見ただけで憶えて想起する。ギネスのルールにより、許されるエラーは憶えた数の0・5%、つまり26枚までだ。

無謀な挑戦に思えるだろうか。だが、52枚1組のカードをそれぞれ憶えていくのは無謀でもなんでもない。システムには自信がある。52のポイントがある旅を100本準備して、ジャーニー法を使えばいい。旅の各ポイントに順番に1枚ずつカードを置いていく。そうして100のコースのすべてのポイントにカードを置いて、記憶を完成させればいいのだ（今では私は、1つのポイントに2枚ずつカードを置いて旅の道のりを短縮している。これについては後で述べるとして、今の段階ではわかりやすくするために、1カ所につき1枚という方法で説明をしていく）。

実際のところ、成功するかどうかはジャーニー法を使う能力ではなく、復習の戦略、つまり「5回の法則」にかかっていると言っていい。

最初の52枚のカードを憶えたら（これには3分ほどかかる）、すぐにこの52枚を復習する。この復習に約30秒かかる。ただし、復習といってもカードは1度しか見ることができないので、頭の中でコースをたどって記憶を頼りにカードを確認する。次の4組についても同様に、1組ごとに復習していく。

5組のカードの記憶と復習を行ったら、2回目の復習に入る。このときには、1組目のカードから5組目のカードまで順にすべて通して復習する。これが終わったら次の5組に取りかかる。このときも、前の5組と同じように1組憶えるごとに復習した後、2回目の復習を行う。こうして25組のカードについて1回目と2回目の復習を行ったら（まだ全体の4分の1）、3回目の復習に入る。ここでは1組目のカードから25組目のカードまで順に通して復習を行う。

これと同じように次の25組の記憶と復讐をしたら、4回目の復習として50組のカードをすべて1組目から順に復習する。これで前半の2600枚のカードを憶えたことになる。そして残りの50組も同じやり方で憶えていき、4回目の復習を終えたら5回目、つまり最後の復習として100組を通して復習する。それを終えたら、5200枚のカードを1枚目から順に想起し、読み上げていく（これにはだいたい6時間くらいかかる）。

この復習システムを図にすると次ページのようになる。

この復習の戦略がなかったら、私は世界記憶力選手権で8回も優勝することはできなかっただろう。選手権ではまず憶えるための時間が与えられ、その後に想起の時間が与えられる。たいていの参加者は、想起の合図を聞くとすぐに、全速で書き出し始める。憶えたことが頭から消えていくのが不安なのだろう。でも私を含め2、3人の参加者だけは、この貴重な時間を静かに座ったまま最後の復習にあてていた。

名前と顔、2進数、単語など、どんな「ディシプリン（鍛錬）」［訳注：記憶力選手権では種目のことをこう呼ぶ］でも、私は想起の前に復習を行う。実を言うと、私は毎回5回、復習を行っているわけではない。選手権などではそんな時間はない。それでも、5回というのは完璧な記憶のために最適な復習回数なので、この「5回の法則」をできる限り守るようにしている。

パーティでたくさんの人を紹介される、家族から買ってきてほしい物を次々に言われる、上司に頻繁に指示を受けるというような場面ではぜひ、この復習の戦略を使ってみてほしい。新しい情報（名前や買う物、指示など）を得るたびに、今までに頭に入れたリストを復習するのだ（名前を憶えるときには、その人に直接呼びかけてもいい）。そして、数分後にもう一度復習を（すべて頭の中で）行う。

1回で思い出せるかどうかは、憶える情報の量によって変わってくる。大切なのは、すぐに復習すること。憶える代わりに書き留めるためのペンや紙を探していたら、貴重な時間を無駄

100組のトランプを憶えるための復習システム

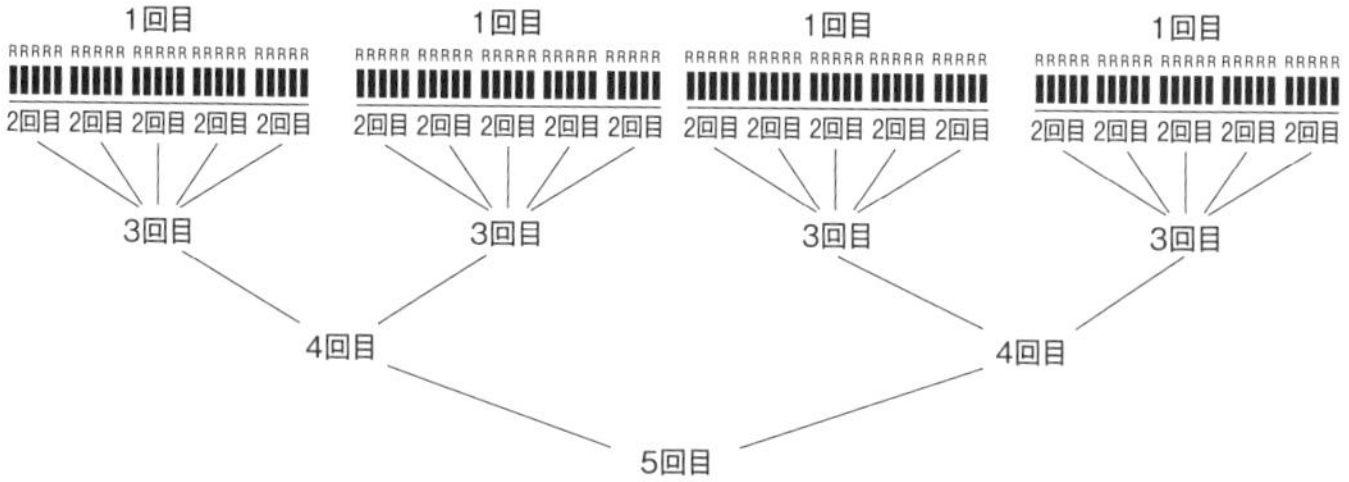

1回目、2回目、3回目、4回目、5回目とあるのは、復習の段階を示す。1組憶えるごとに復習を行い、最初の5組について終えたら、2回目の復習として5組分を通して復習する。次の5組についても同様に1回目と2回目の復習を行う。これを繰り返して25組分のトランプを憶えたら、25組分のカードを通して復習する（3回目の復習）。同様に次の25組も行ったら、50組分のカードの復習に入る（4回目の復習）。残りの50組でもこれを繰り返し、最終的に5回目の復習ですべてのカードを復習する。

にすることになる（すぐに思い出せないことは、ペンや紙を見つけたとしても思い出せない可能性が高い）。寄り道をせずに復習を行えば、時間のロスなく情報を記憶に埋め込むことができる。

コラム **ドイツ記憶力選手権にて**

1998年のドイツの記憶力選手権では、さまざまな種目で、想起の合図のベルが鳴るや否や、参加者たちのほとんどが憶えたことを書き出す光景が見られた。しかし、その中で1人、目を閉じたままの挑戦者がいた。私は彼に注目した。どんな種目でも、彼は明らかに最後の復習を行っていた。そのとき、私はこの男を怖いと思った――この男は復習の戦略を知っている、世界選手権ではおそらく私のライバルになる。彼の名はグンター・カールステン。彼はドイツの選手権で8回優勝しただけでなく、2007年には世界チャンピオンの座についた。彼も、ジャーニー法や復習システムを使っている。ただし、どのように使っているのか詳しいところまではわからない。

第14章 カードから数へ

カードの記憶術を習得した後すぐに、私はこの方法を使って数字を憶えることができないかと考えた。私たちの生活には数字があふれている、電話番号、時刻表、体重や身長、人口、選挙結果、暗証番号、エントリーコード、パスワードなど、例を挙げれば切りがない。記憶力選手権に出るつもりはなくても、数字を憶える能力は、数や量を把握したり、計算したり、また身の回りの大切な番号を忘れないようにするためにも何かと役に立つものである。

前に述べたように心理学者たちによれば、人間の脳が作業記憶（短期記憶）に保持できる情報はせいぜい7~9個だという。この見解はおそらく間違いではないが、それを超えることは不可能ではない。これから紹介するシステムを使えば、誰でも9個をはるかに超える数――私は100以上もの数を憶えることに成功した――を憶えることが可能になる。

人によっては（数学が好きな方は特に）、数字の中に美を見出すことができるようだ。残念ながら、私にはそのような素養はなかった。記憶術に挑戦するまで、私にとって数列というのは、何の意味も見出せず瞬時に忘れてしまうものだった。でも今は違う。数字には生命があり、動きがあり、色彩があり、時にはユーモアさえある。数字が個性をもったものとして感じられるのだ。なぜか？　それは、ある方法を編み出したことで、（少なくとも私にとって）無機質で退屈で意味のない形式にすぎなかったものを、脳にアピールするものへ変換することに成功したからだ。

数字を憶える秘訣は、数字をコード化したイメージに変換して意味をもたせることである。これが私の「数字を言語化する」戦略の要とも言える部分である。しかし、もっと簡単なシステムもあるので、まずはそれを紹介しよう。暗証番号のような短い数列を憶えるには便利な方法である。

数字形システム

数字の「2」を見て白鳥に似ていると思ったことや、「4」から船の帆やポールの先についた旗を想像したことはないだろうか。このように数をその形状によってイメージに変換する方法を、ここでは「数字形システム」と呼ぶ。試しに紙とペンを使って、0から9までの数字から想像できるイメージを書き出してみよう。まず数字を書き、それを見ながらイメージを考えてもいい。参考までに、私のイメージを紹介しておこう（ただし、あなた自身の発想のほうがあなたにとっては有力なツールになる）。

0＝サッカーボール、
輪、車輪

1＝鉛筆、街灯、ろうそく

2＝白鳥、ヘビ

3＝唇、手錠

4＝帆、旗

5＝タツノオトシゴ

6＝ゴルフクラブ、
象の鼻、単眼鏡

7＝ブーメラン、斧《おの》

8＝雪だるま、
ゆで卵用のタイマー

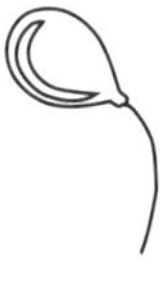

9＝紐のついた風船、
投げ縄

10桁程度の数をイメージに変換するなら、このコードはとても便利だ。それぞれの数字をイメージに変換し、それをつなげて物語を作ればいいのである。

例えば1792という数（エッフェル塔の最上階までの階段の段数）を私の関連付けたイメージを使って憶えるには、まずパリにいる自分を想像する。時間は夜。ろうそく（1）を手にし、エッフェル塔へ向かう。入り口では1人の男がエッフェル塔の錬鉄製の脚の部分を斧（7）で切り落とそうとしている。あまりにもバカげた行動なので記憶に残りやすい。階段を上って塔の最上部まで行くと、誰かがあなたに紐のついた風船（9）を手渡す。風船に色をつけて、イメージを脳に刻みつけよう。例えば赤色はどうだろう。風船を手にパリの夜景を眺める。夜空に満月が浮かんでいて、月面を横切る白鳥（2）の影が見える――。

このように、憶えたい数に関連した場所に物語を作ると、イメージに変換しやすい。クレジットカードの番号やキャッシュカードの暗証番号などを憶えるには、近くの銀行の周辺を回るコースや、家から銀行までのコースを思い描くといいだろう。

数韻システム

数字形システムのほかに、数字の音韻からイメージを作る「数韻システム」という方法もある。1（one）はbun（パン）、2（two）はshoe（靴）といった具合である。この場合も自分にとって一番自然な結びつきを考えてもらいたい。私の場合はだいたいこんな感じだ。

0（zero）＝hero（ヒーロー）、Nero（ネロ、ローマ帝国の皇帝）
1（one）＝bun（パン）、sun（太陽）
2（two）＝shoe（靴）、glue（接着剤）
3（three）＝tree（木）、sea（海）
4（four）＝door（扉）、boar（イノシシ）
5（five）＝hive（ミツバチの巣）、chive（セイヨウアサツキ）
6（six）＝sticks（棒）、bricks（れんが）
7（seven）＝heaven（天国）、Kevin（友人のケビン）
8（eight）＝gate（入り口、門）、weight（ダンベル）
9（nine）＝wine（ワイン）、pine（松）

例えば、バスで友人宅を訪ねるとする。839番のバスに乗れば、彼女の家の前に着くという。数韻システムを使って憶えるにはどうしたらいいだろうか。頭の中で、停留所に来たバスを思い描こう。入り口（8）が開きバスに乗る。車内でまず目に入るのは、最前列に座っている人だ。膝の上に桶をのせていて、その桶には小さな木（3）が入っている。よく見ると、それは松の木（9）だった。木にクリスマスの飾りなどがついていれば、イメージはもっと鮮やかなものになる。このシーンを1、2回復習すれば、乗るべきバスの番号を忘れることはなくなる。

数字形システムや数韻システムは、日常生活で短い数列を短時間で記憶するのに便利な方法であり、私も常々使っている。でも、これだけでは世界選手権には勝てない。別のシステムを開発する必要があった。

π《パイ》を憶える

トランプの記憶で私を記憶の世界にのめりこませるきっかけとなったクライトン・カーベロは、π（円周率）を小数点以下2万13桁まで暗記していた。πは数列が循環することなく永遠に並ぶ無限数であるため、記憶力を測るいい指標となる。そこで私は、トランプの次のステップとしてπの記憶に挑戦しようと考えた。

何年もかけて記憶テクニックを試しているうちに、情報を脳に刻みつけるためのコツがいくつかわかってきた。そのうちの1つが、文字は数字よりも記憶用のコードに変換しやすいということである。

さっそく私は、トランプのカードを憶えるのと同じ方法を数字に適用することを考えた。

つまり、数字を文字に置き換え、その文字を使って単語やフレーズを作り、それをつなげて物語を作るのである。そこでまず、有効な文字列を作ることができるように、Uまでのアルファベットを書き出し、その下に1から9までの数字を順番に2回書き出して対応させ、S、T、Uには0をあてた。つまり、このようにコード化を行った。

A＝1　J＝1　S＝0
B＝2　K＝2　T＝0
C＝3　L＝3　U＝0
D＝4　M＝4
E＝5　N＝5
F＝6　O＝6
G＝7　P＝7
H＝8　Q＝8
I＝9　R＝9

1はアルファベットの最初の文字であるAにもなり、10番目の文字であるJにもなる。同じく2はBとKになるといった具合である。これでπの記憶への挑戦の準備ができた。πの小数点以下30桁は、次のとおりである。

3・141592653589793238462643383279

まずは、数字を5つごとに1グループにして、各グループを1つのイメージに変換することにした。すなわち、14159はAMANI、26535はBONCE、89793はHIPILとなる。文字列のままでは言葉にならないときには、音節に分解して、イメージを増やした。AMANIでは、Iからインディアンの男性をイメージし（a man I）、BONCEは、頭（bonceは頭を表す口語）、HIPILは腰の怪我（a hip ill）を思い浮かべた。続く15桁は次のようになる。

23846　BLQDO
26433　BOMCC
83279　QCBPI

このような文字列をイメージに変換するのには、相当な想像力を要した。ＢＬＱＤＯは木のかたまり（a block of wood）が私（do = Dominic）の頭にのっている様子、ＢＯＭＣＣは爆弾（bomb）がバイク（バイクのエンジンの単位はcc）についている様子、ＱＣＢＰＩは英国王室の顧問弁護士（QC = Queen's Counsel）がＢＰ（石油メジャーの１つ）の署名付き書類をインド人の男性（Ｉ）に手渡す様子――いずれも想像しにくいイメージであるが、私が当時思いついた中ではこれが最高のものだった。

数列を憶えるために、自分の家から村を抜けて教会、墓地、丘を通って街へ行くコースを作った。πの小数点以下の数字を５つごとに１つのイメージに変換し、なんとか８２０のポイントに配置していった。つまり、πを４１００桁憶えたことになる。

カーベロの記録にはまだまだ及ばなかったが、頑張れば彼の水準に到達するのは不可能ではないと思った。けれども、このシステムでこれ以上数列を憶えるのはあまりに大変だったので、私はシステム自体を見直すことにした。

数字を言語化する

私が作りたかったのは、数字を見たときに本を読んでいるかのようにすぐにイメージを浮かべられるシステムだった。トランプではうまくイメージを作ることができたのに、なぜ数字ではうまくいかないのだろう——そう考えていたあるとき、どこが間違っていたのか気づいた。５個の数字でイメージを作るのは無理がありすぎた。２個の数字を１グループにすればよかったのだ。私はπを数千桁憶えるという気の遠くなるような作業を通して、あるシステムを開拓した。そしてこのシステムは結果的に、８回にわたる世界記憶力選手権優勝の強力な立役者となった。これが次の章で紹介する「ドミニク・システム」である。

コラム　何事もポジティブにとらえる

振り返ってみると、πとの格闘はまったくの時間の無駄だったと思いたくもなる。しかし、これだけの数列を憶えるために何週間か費やしたのは確かだが、この経験から得たものは大きかった。記憶を置く場所を見つけることができる限り、憶える対象やその量は無限に広げることができるということ、また、このような数を憶えるスピードはシステムと練習量によって決まるということを学ぶことができたのだ。

第15章

ドミニク・システム

ドミニク・システムでは、0から9までのそれぞれの数字にアルファベットを1字ずつ割り当て、2個の数字を1グループにして文字を対応させていく。πを憶えるために編み出した最初の方法では1つの数字に2つの文字を対応させたが（0だけは3つの文字）、このシステムではもっとシンプルに、以下のように1つの数に1つの文字だけを割り当てる。

1＝A　6＝S
2＝B　7＝G
3＝C　8＝H
4＝D　9＝N
5＝E　0＝O

1から5までは、アルファベット順にAからEまでの5文字をあてた。当初は6以降の数字にも順番にアルファベットをあてるつもりだった。それが自然だと思っていたのだが、どうも私にはしっくりこなかったので、本能に従って別の文字をあてることにした。

6（six）には音韻からの連想でSを、7にはG7（主要7カ国財務相・中央銀行総裁会議）からの連想でGを、8（eight）と9（nine）には、それぞれ発音が似ているHとNを、そして0は形が似ているOをあてた。

この新しいコードを用い、2文字ずつペアにしてπの最初の24桁を表すと次のようになる。

14	AD	79	GN
15	AE	32	CB
92	NB	38	CH
65	SE	46	DS
35	CE	26	BS
89	HN	43	DC

トランプを憶えたときの経験から、イメージを作るには物よりも人のほうが適していると

わかっていたので、この文字のペアを人の名前に変換した。この2文字をイニシャル、あるいは名前の中の2文字だと考えていくと、簡単に各ペアを1人の人物のイメージに変換することができた。

各ペアを表す人物は、自分の知人であったり、あるいは良くも悪くも有名人であるなど、自分に何かしらインパクトのある人を選んだ。2つ並んだアルファベットを見て、そのうちのいくつかについては名前がすぐに浮かんできた。

例えば、AD（14）はゴルフ仲間のアディー（Addie）、NB（92）は知人のノビー（Nobby）、HN（89）は義姉のヘニー（Henny）、GN（79）はジーン（Gene）、DS（46）はデスモンド（Desmond）、DC（43）はディック（Dick）といった具合である。イニシャルを使ってコード化したものもある。AE（15）はアルバート・アインシュタイン（Albert Einstein）、SE（65）は歌手のシーナ・イーストン（Seena Easton）、CE（35）は俳優のクリント・イーストウッド（Clint Eastwood）だ。

どんな数にも対応するために

2つの数の組み合わせは100通り（00、01、02……97、98、99まで）ある。ドミニク・システムをどんな数列にも即座に使えるようにするためには、この100通りの組み合わせすべてを、あらかじめ人物のイメージに変換させておく必要がある。つまり100人のコードを作るわけだから、かなりの時間がかかる。本書では私が作ったコードを使って説明するが、このシステムを自分のものにするには、自分で考えたコードを使うことをお勧めする。

小道具・特徴・行動

それぞれの人物に小道具や特徴、行動を付加すると記憶が定着しやすくなる。情報を加えることで人物のイメージが脳に埋め込まれやすくなるのである。例えば、アディー（AD／14）にはゴルフクラブを振らせ、義姉のヘニー（HN／89）は画家なので絵筆を持たせ、歌手のシーナ・イーストン（SE／65）にはマイクを握らせた。

すべてを統合する

人物のコードを憶えて、数字のペアを人物に難なく変換できるようになったら、それとジャーニー法を組み合わせれば、長い数列を憶えることができる。

それでは家を巡る旅を使ってπを憶えてみよう。まずは最初の10桁を憶えることから始めるが、コースの長さを変えることで憶えられる数は無限に増えていく。いくつかの旅（私の場合は、ポイント数50の旅を使うことが多い）をつなげれば、簡単に何千個も憶えることができる（各ポイントに2つの数に対応した人物を「保持しておく」ことを忘れないように）。例えば次のようになる。

ポイント1	玄関の扉	AD	14
ポイント2	台所	AE	15
ポイント3	ユーティリティ・ルーム	NB	92
ポイント4	居間	SE	65
ポイント5	階段	CE	35

玄関には、戸口に立ってゴルフクラブを振っているアディー（AD／14）がいる。クラブが当たらないようにそろそろとその横を抜け、台所に入るとアルバート・アインシュタイン（AE／15）がメモボードに数式を書きつけている。続くユーティリティ・ルームでは、ノビー（NB／92）がギターを弾いているが、どうもイライラしているようだ。その原因は居間から聞こえてくる音楽。行ってみると、シーナ・イーストン（SE／65）がマイクを手に歌っていた。その横を抜けて階段を上ろうとするが、最下段にはクリント・イースト

ウッドがいて、タバコを噛みながら「やれよ。楽しませてくれ」〔訳注：映画『ダーティ・ハリー』でイーストウッドが言った台詞〕と言っている。

このシーンをもう1回復習すれば、πの最初の10桁を完璧に憶えることができるだろう。逆再生して各ポイントとそこにいた人を思い出せば、逆から復唱することもできる（このような短い数列については、おそらく第13章で説明した「5回の法則」を適用するまでもないだろう）。

それではドミニク・システムの使い方がわかったところで、次の演習に挑戦してみよう。

演習7　20桁の数

この演習では、コードとして使う人物も旅のポイントもあなた自身で決めていただく。ステップ4で行う記憶の演習にかける時間は5分以内（あらかじめポイント数10の旅を用意しておくこと）。最後にステップ5の質問に挑戦して、自分が選んだコードが記憶ツールとしてどれくらい有効かを確認しよう。

《ステップ1》

紙に0から9までの数字を書き出す。それぞれの数字に対応させる文字を決め、数の隣に書き出す（自分に一番しっくりくる文字を対応させること）。

《ステップ2》

今回の演習で憶えてもらうのは次の20桁。

5　6　6　4　9　2　8　8　2　7　5　3　1　2　2　0　1　5　3　5

まず、数列に2桁ずつ区切り線を入れ、別紙にその数字のペアを上から順に書き写す。

《ステップ3》

次に各ペアの隣にステップ1で対応させた文字コード、その隣に文字コードに対応させる人物（イニシャルでも、その文字から思い浮かぶ名前でもいい）、さらにその隣にはそれぞれの人物に付加する小道具・特徴・行動を書く。

《ステップ4》

そしていよいよ、頭の中でポイント数が10の旅を巡っていく。最初のポイントではリストの最初の人物をイメージする。忘れずに小道具・特徴・行動も思い浮かべ、感覚や感情も総動員させよう。頭の中で短い映画を撮影するつもりで、各ポイントでリストの順に人物をイメージする。最後のポイントまで回ったら、コースをもう一度歩いて人物を思い出していく。リストは見ずに、記憶だけを頼りに行うこと。

《ステップ5》

さて、次の質問にいくつ答えられるだろうか（答えられた数が多いほど、良いコードを作ることができたということである）。答えを紙に書き出してから、合っているか確認しよう。

● 数列の7番目の文字は何か？
● 27に続く数字のペアを順に2つ答えよ
● 最初の6桁の数字は何か？
● 最後の4桁の数字は何か？
● 最初に3が出てくるまでにいくつ数字があったか？
● 15の直前とその前の数字のペアを答えよ
● 13番目の数字は何か？
● 11番目、17番目、19番目の数字は何か？
● 2つおきに数字をすべて書き出してみよう
● 最後から逆に数字を書き出してみよう（できなくても心配しないように。これは初めての挑戦なのだ）

答えられない質問があったとしても気を落とさなくていい。もう一度旅をしてみよう。ただし、今度は挑戦するのは最初の10桁だけにして、憶えられたかどうか紙に書き出して確認してみるといい。それが完璧にできてから20桁に移り、上記の質問に再度挑戦してみよう。

第16章

複合イメージ法

前章の演習では、10組の数字のペアを人物に変換した。先に述べたように、ドミニク・システムを使いこなすには、１００通りの数字のペアをすべて人物に変換しておくことが必要になる。これにはかなりの時間と労力を要する。２個の数字に対応する１００人の人物と、その人に関連した小道具・特徴・行動を憶えるのだから、これは新しい言語を憶えるようなものだ。しかし、1度この新しい言語を習得してしまえば、日々の生活で役立つだけでなく、習得の過程自体が脳のトレーニングになり、集中力が増して記憶力も研ぎ澄まされてくる。

世界記憶力選手権には10の種目があり、憶える対象も数字、２進数、トランプ、名前と顔、日付、単語、イメージとさまざまである（次のコラムで詳しく述べる）。なかでも大変なのが、「ワンアワーナンバーズ」という1時間でできるだけ多くの数字を憶える種目だ。

私が初めて世界選手権に出場したときには、旅の各ポイントに１人の人物（つまり２つの数字）を置く方法を使い、1時間で約1000桁を憶えることができた。幸い、初めのうちの何回かはこの方法で勝つことができたが、記憶力競技が注目されるようになり、参加者の数が増えるだけでなく、そのレベルも上がってくると、この方法では勝ち続けることが難しいと感じるようになった。

そのためにはどうすればいいのか――答えは明らかだった。イメージを圧縮して、1つのポイントにもっとたくさんの人物を置けるようにするのだ。それぞれのポイントに2人の人物を置けば、2倍の桁数を憶えることが可能になる。そして嬉しいことに、そのための方法は私のシステムの中にすでに埋め込まれていた。

それは、人物に個性をもたせるための小道具・特徴・行動を活用することだった。つまり、最初のペア（1番目と2番目の数字）は人物に、次のペア（3番目と4番目の数字）は小道具・特徴・行動に変換し、その「人物」と「小道具・特徴・行動」を組み合わせて最初のポイントに置く。同様に3番目のペア（5番目と6番目の数字）は人物に、4番目のペア（7番目と8番目の数字）は小道具・特徴・行動に変換し、それぞれを組み合わせて2番目のポイントに置く。こうすれば、1つのポイントに4つの数字を置くことができる。

例えば、「15562053」という数を憶えるには、2つのポイントを使うだけでいい。私のコードを使って説明すると、こんな風になる。最初のペア（15）はAEでアルバート・アインシュタイン（Albert Einstein）、2番目のペア（56）はESでエドワード・シザーハンズ（Edward Scissorhands）。したがってこの4つの数字を憶えるには、最初のポイントでアインシュタインが髪を切っている（髪を切るのはシザーハンズ〔訳注：同名の映画で両手がハサミの主人公〕の行動）様子をイメージすればいい。シザーハンズ自身は登場しないが、アインシュタインがシザーハンズの代わりに彼の行動をするイメージである。

3番目のペア（20）はBOでバラク・オバマ（Barack Obama。これは最近変更したコードだ）、次のペア（53）はECでエリック・クラプトン（Erick Clapton）。だから、この4つの数字を憶えるには、旅の2番目のポイントでバラク・オバマがギターを弾いている様子をイメージする（ちなみに3番目と4番目のペアの順番が逆の場合、つまり5320であれば、クラプトンが星条旗を振るイメージになる。このシステムは数字の順が変わっても適応できるのだ）。

このように「1人の人物」と「もう1人の人物の小道具・特徴・行動」を組み合わせる方法を、私は「複合イメージ法」と名づけた。それぞれのイメージはジグソーパズルのピースのようなもので、1万通りの組み合わせができる。この方法で膨大な桁数を最短時間で憶えることができる。

このシステムを開発しなかったら、私はその後、世界選手権で優勝することはできなかっただろう。当時のライバルの中には、おそらく4個の数字をここまで効率よく憶えるシステムを見つけた人はいなかったはずだ。でも、今ではそうはいかない。近年の参加者のレベルがどんどん上がっていて、私は常にシステムの改良に迫られている。少なくとも油断していられる状態ではない。

コラム　世界記憶力選手権

世界記憶力選手権は、1991年、トニー・ブザン（マインドマップの開発者）とチェスのグランドマスターであるレイモンド・キーンにより創設された。2人は身体を鍛えるのと同じように脳も鍛える必要があると考え、そのためにはスポーツ競技の国際大会と同じように、記憶力を競う国際大会を行い、世界最高の知的競技者を決めるのがいいだろうと考えた。私は、創設時から挑戦者として、そして主催者の1人としてもこの選手権に関わっている。主催者としては、挑戦者が公平に戦えるよう、競技会で行われる10の種目の改良に尽力した。その種目とは以下のとおりである。

- 抽象的な図形
- 2進数
- ワンアワーナンバーズ（1時間でできるだけたくさんの数字を記憶）

・名前と顔
・スピードナンバーズ（5分間でできるだけたくさんの数字を記憶）
・架空の歴史の出来事と年号
・ワンアワーカーズ（1時間でできるだけたくさんのトランプの並びを記憶）
・単語
・スポークンナンバーズ（1秒に1個のペースで読み上げられる数字を記憶）
・ワンアワーカーズ（トランプ1組の並びをできるだけ速く記憶）

いずれの種目も大好きだが、一番好きなのは持久力が試される「ワンアワーカーズ」である。私の記録は24組だ。最も激しい神経戦となるのは、「スポークンナンバーズ」だろう。これは1回勝負だ。例えば、1秒に1個のペースで読み上げられる数字を100個憶えたとしても、3番目が思い出せなかったら、スコアは「2」となる。冷静さと集中力、精神力が試される種目なのである。

第17章 複合イメージ法でトランプを憶える

数字の記憶に取り組んだこと、特にその中で複合イメージ法を開発したことは、トランプの記憶にも飛躍をもたらした。もともとは1組のトランプを憶える記録でクレイトン・カーベロに追いつこうと思って始めたことだったが、すぐに複数組のトランプを記憶することもできると確信した。そして、長い数列を憶えるのと同じ方法をカードに適用すれば、この目標はぐっと近くなると思った。

第8〜10章でトランプを憶える基本的なテクニックについて見てきた。私はいつも、新しいスキルを憶えるには途中で挫折しないように、一歩ずつ進んでいくことをお勧めしている。だから、まずはジャーニー法を身につけ、そしてドミニク・システムを自信をもって使えるようになってから、本章で説明する方法に挑戦してもらいたい。少しずつ段階を追って、無理なく歩を進めていこう。焦って欲張りすぎて消化不良を起こすよりも、小さな成功を積み重ねたほうがいい。

まずは絵札で試してみて、この記憶方法の仕組みを理解しよう。それがしっかりとできれば、もっとたくさんのカードを憶える自信と意欲が生まれる。最終的には52枚、そして複数組のトランプも記憶できるようになる。

まずは絵札から

1組のトランプを用意し、絵札（ジャック、クイーン、キング）を取り出してマークごとに並べる。

まず、これまで学んだ方法を使ってみよう。第8章で、私が初めてトランプを憶えたときに、カード1枚1枚に人物のイメージを関連付けたこと、なかには瞬時に人物のイメージが浮かんだものもあったことを述べた。マークと絵や数の組み合わせから思い浮かぶ人物をカードに結びつけるのは、しごく論理的な関連付けである。この方法でそれぞれの絵札に関連付けをしよう。例えばダイヤのクイーンは英国女王のエリザベス2世、ハートのクイーンは妻やガールフレンド（ハートのキングなら夫やボーイフレンド）といった具合である。ダイヤは富を持っている人のイメージで、ハートは自分が愛する人のイメージである。

人物を割り当てたら、ドミニク・システムの登場だ。個々の人物に小道具・特徴・行動を付加する。例えば、ダイヤのキングをビル・ゲイツにしたなら、彼が札束を数えている様子、あるいはラップトップコンピュータの前で銀行口座をチェックしている様子などを思い描く。小道具・特徴・行動を加えることによって登場人物に動きが加わる。これにより、長い数列を憶えたときのように複合イメージ法が使えるようになるので、たくさんのカードを憶えられるようになる。

まず、絵札の山を伏せて自分の前に置く。1枚1枚カードをめくりながら、人物を結びつけ、そこに小道具・特徴・行動を加える。それから次のカードをめくる。これを繰り返して、すべての絵札に人物と小道具・特徴・行動を関連付ける。それができたら関連付けを復習し、必要に応じて変更を加えて、自分にとってしっくりくる、記憶に刻みやすい関連付けにする。

カードのイメージが自然に浮かんでくるようになったら準備完了。これからシャッフルしたカードの並び順をジャーニー法を使って憶えていく（まだ数札は交ぜない）。このときにはポイント数12の旅を使うが、今までに作った旅を使っても、新しく作ってもいい。前にも述べたとおり、私の場合はカードと数字には専用の旅を使うことにしている（名前と顔や単語を憶えるのには別の旅を使う）。

使用する旅のコースを頭の中で2、3回歩いて、各ポイントを頭に入れる。絵札をシャッフルし、自分の前に伏せて置く。1枚目のカードをめくる。しっかりと準備できていればすぐに自分が関連付けた人物が浮かんでくるだろうから、これを最初のポイントに置けばいい。

小道具・特徴・行動も一緒に置こう。

例えば、最初のカードがハートのキングで、このカードには自分の父親を関連付け、テニス好きという特徴を付加していたとしよう。旅の最初のポイントが家の門であれば、そこでサーブの練習をしている父親の姿を思い描く。そして彼が門を飛び越えて道路にボールを打ち込み、もう少しで車にぶつけそうになってひやりとした、といった具体的なシーンを想像しよう。次のカードはダイヤのクイーン。このカードのイメージがエリザベス2世と、女王がナイトの爵位を与える行動だったなら、第2のポイント（玄関の扉など）に爵位の授与式でこちらに合図を送る女王のイメージを置く。

こうしてコースを歩きながら12のポイントに各絵札を置いていく。ここでの目的は、変換プロセスに脳を慣れさせることと、想像力を解き放ってカードを生き生きとしたイメージにすることである。このとき脳は、カードを確認し、それを人物に変換し、そのイメージをポイントに置き、それを思い出す、という複数のことを1度に行っている。このとき、感情と感覚を働かせることを忘れないように。また、脳に必要以上に負荷をかけないよう論理的に無理のない物語にすること。

うまくいかなければ、もう1度カードを見返す。そして記憶できたと思ったら、カードを見ずに頭の中で復習する。その後、記憶だけを頼りにカードの順番を書き出す。

さて、結果はどうだっただろうか。何枚か思い出せないカードがあったとしても気にすることはない。ただし、弱点だけは忘れずに確認しておこう。関連付けが弱ければ、カードの人物か小道具・特徴・行動を変更したほうがいい。そして大切なのは「練習が天才を作る」ということ。カードをシャッフルし、完璧にできるまで練習を続けよう。

52枚のトランプへ

12枚の絵札の記憶をマスターしたら、次はいよいよ52枚、トランプ1組の記憶に挑戦だ。まずは下準備が必要である。絵札のときと同じように、残りの40枚のカードに人物を関連付け、小道具・特徴・行動を付加していこう。この作業は大変かもしれないが、1度イメージをつけてしまえば、これからトランプを憶えるときにはいつでもそれを使うことができる。最強の記憶ツールを手に入れたことになるのだ。

カードのコード化

ドミニク・システム用に100通りのコードを作成した後なら、40枚のカードを憶えるのはずっと簡単なはずだ。まずはカードをめくって、そこから誰か思い浮かべてみよう。私の生徒は、イギリスのダンスボーカルユニットのエス・クラブ・セブン（S Club 7）をクラブの7にあてていた。私のダイヤの7はジェームズ・ボンドだ（第8章参照）。このようにして40枚のカードに人物と道具・特徴・行動を関連付けたら、ドミニク・システムを使ってコード化していこう。

ドミニク・システムをトランプに適用する

ドミニク・システムを使って数列を憶えたときには、まず2個の数字を2つの文字コードにして、それを名前に変換したが、ここではカードに書かれている数字を第15章で述べた方法で1つの文字に変換して、それを1つ目の文字として、マークの綴りの最初の文字を2つ目の文字として使う。例えば、スペードの2はB（2番目）とS（spade）、ハートの8はHHになる。まだトランプにドミニク・システム以外の関連付けをしていない場合は、どのマークもエースはA、10はOにするといい。このようにして1枚のカードを2つの文字に変換していく。

次に、数字を憶えたときと同じように、紙に書き出して対応表を作る。2つの文字の隣には、その文字から思い浮かぶ人物の名前を書いていく。BSは『ドラキュラ』の作者ブラム・ストーカー（Bram Stoker）、HHはレスラーのハルク・ホーガン（Hulk Hogan）でもハリー・フーディーニ（Harry Houdini）でもヘルマン・ヘッセ（Hermann Hesse）でもいいだろう。もちろん有名な人物でなくてもかまわない。ヘレン・ハリス（Helen Harris）という知人がいるなら、それを使ってもいい。人物名を書いたら、その隣にその人物の小道具・特徴・行動を付加していこう。

コードを脳に定着させる

これでようやくカードに人物を対応させることができた。ここまできたら一気に憶えてしまいたいという気持ちにもなるだろう。でもここで、カードのイメージを定着させるために、脳にコードをしっかりと刻みつけるプロセスを経ることをお勧めしたい。1日10枚ずつカードの人物と小道具・特徴・行動を憶えていき、4日間で40枚のカードを憶える。もうすでに絵札の12枚は憶えているので、5日目には52枚のカードを通して復習することができる。このときも、記憶力だけを頼りに復習する。1枚ずつめくっていき、人物の名前と小道具・特徴・行動を読み上げていこう。

もう少し体系立てたアプローチとして、「5回の法則」にのっとって復習する方法もある。毎日10人ずつ憶えていき、新たに憶えた人物と、これまでに憶えたカードを復習する（絵札も一緒に復習する）。こうすれば、5日目にすべての人物が長期記憶に入っていることになる。さらに毎日朝と夜に行うなどして復習の回数を増やせば、より深く脳に定着させることができる。そうしてカード（コード）をしっかりと憶えたら、次の演習に挑戦してみよう。そして自信をもってできるようになってから、上級テクニックに進もう。

演習❽ 1組のトランプを憶える

自信をつけるには、小さな成功を積み重ねて大きな成功につなげることが大切である。この演習では、基本的なシステムを使ってカードを憶える。まずは1組の半分の26枚で練習し、それをマスターしたら1組のトランプに進む。

《ステップ1》

ポイント数が26の旅を選ぶ。次のポイントがどこだったか考えなくてもいいように、よく知っているコースを選ぼう。コースが決まったら、1組のトランプからランダムに26枚を抜き出し、シャッフルして自分の前に伏せて置く。そして一番上のカードをめくり、そのカードに対応する人物と小道具・特徴・行動を最初のポイントに置く。それができたら次のカードをめくり、同様にそのカードのイメージを2番目のポイントに置く。この作業を繰り返し、26枚のカードのイメージをポイントに置いていく。

《ステップ2》

頭の中で復習する。このシステムの目的は記憶を保持することにあるから、26枚すべてを憶えてから復習をするようにしよう。復習するときはカードは見ないで、コースを歩きながらポイントに置いたイメージを思い出していく。コースを回ったら、憶えたカードを順に書き出す。10枚以上正しい順で憶えていたら合格。17枚以上なら優秀だ。26枚すべてを自信をもって憶えられるようになったら、ステップ3に進もう。

《ステップ3》

ここではステップ1・2と同じ手順で、今度は52枚を憶える（ポイント数52のコースが必要になる）。これができたら、上級テクニックに進もう。

カードを記憶する上級テクニック

4桁の数字を1度に憶えるときには、「複合イメージ法」を使って「1人の人物」と「もう1人の人物の小道具・特徴・行動」を結びつけた。これと同じ考え方をトランプにも適用することができる。そうすれば26のポイントに1組のトランプを置くことができ、ポイント数が52の旅をトランプ2組に使うことができる。やり方は次のとおりである。

最初の2枚のカードがクラブの6（SC）、スペードの5（ES）だったとする。SCはサイモン・コーウェル（Simon Cowell）で、彼が審査員を務めるテレビ番組で出演者に駄目出しをするボタンを連打する行動をつけた。ESは元ボクサーで今ではイギリスのトーク番組のホストとして有名なエド・サリヴァン（Ed Sullivan）。彼の行動は、当然ボクシングだ。そこで旅の最初のポイントには、サイモンがボクシングをしているイメージを置く。つまり、1つのポイントに2枚のカードを置くわけだ。残りのカードも同じように2枚1組にして旅の各ポイントに置いていけば、26のポイントで52枚のカードを憶えることができる。

カードゲームに応用する

このシステムを開発し、練習を積み、複数組のカードを比較的簡単に記憶できるようになってから、私は世界記憶力選手権のチャンピオンだけでなく、気づけばカードゲームの達人にもなっていた。しばらくの間、カジノのブラック・ジャックで生計を立てていたこともある。記憶力を援用して場を読み、賭け、そして少なからぬ金を稼いだ。その結果、アメリカでもヨーロッパでも、カジノに入ることを禁じられてしまった。

もちろん、カードを憶えるテクニックを使ってプロのギャンブラーになりたいという人ばかりではないと思うが、この記憶システムはホイストやブリッジなど、家庭で楽しむゲームでも役に立つ。ホイストを例にとって説明しよう。このゲームは4人で遊ぶゲームで、2人ずつチームに分かれて勝敗を競う。トランプをシャッフルし、4人のプレイヤーに13枚ずつ配る。各自、手持ちのカードから1枚を選んで順に場に出し、最も強いカードを出した人のチームが勝ちとなる。これを13回繰り返し、勝ちの多いチームが勝利となる。例えば、次のようなラウンドを憶えるとしよう。4人のプレイヤー（列1）がカード（列2）を出す。3列目と4列目は私のつけたコードと名前である。

プレイヤー1　クラブの3　CC　Charlie Chaplin（チャーリー・チャップリン）
プレイヤー2　クラブの4　DC　David Copperfield（デヴィッド・コッパーフィールド）
プレイヤー3　クラブの8　HC　Hillary Clinton（ヒラリー・クリントン）
プレイヤー4　クラブのA　AC　Al Capone（アル・カポーネ）

どのように憶えるかは、必要度に応じて変わってくる。

例えばカードがすでに場に出たかどうかを思い出したいならば、カードが場に出たときにカードの上にバケツの水をぶちまける様子をイメージし、カードに対応する人物が水浸しになったときの反応を想像するようにする。チャップリンは悲しげな顔、コッパーフィールドは困った顔、ヒラリー・クリントンは目を見開いて驚いた顔をする。アル・カポーネは怒って私に詰め寄る――そのような反応を思い描くことができたら、カードに対応する人物が濡れているかどうかを確認してみれば、カードがすでに場に出されたかどうかがわかる。

もう少し精緻な情報が欲しいなら、ポイント数が26のコースを使えばカードを場に出された順に記憶することができる。複合イメージ法を使って1つのポイントに2枚のカード（1枚は人物、もう1枚は小道具・特徴・行動）を置いていくのである。最初のポイントにはチャップリンが帽子からウサギを出している（手品師コッパーフィールドの行動）様子をイメージし、2番目のポイントでは、ヒラリー・クリントンが機関銃を発射している（アル・カポーネの行動）様子をイメージする。それを繰り返せばいい。

さらに上級テクニックとして、プレイヤーごとに1つの旅を割り当てて、各人が場に出したカードを順番に憶える方法もある。この際、ポイント数が13のコースを4つ用意する。プレイヤー1は公園を回るコース、プレイヤー2はショッピングモールを回るコース……といった具合である。プレイヤー1がクラブの3を出せば、チャップリンを公園の入り口（公園のコースの第1ポイント）に、プレイヤー2がクラブの4を出せば、コッパーフィールドをショッピングモールの入り口に置けばいい。

第18章 スピードを上げるために

カードを記憶したり、その技術をカードゲームやカジノで使うには、スピードが要求される。スピードそのものについては、練習をすればするほど速くできるようになるとしか言えないが、ここでは私が効率よく記憶できるようになった秘訣についてお話ししよう。

私が記憶にかける時間を短縮していった過程を紹介するには、シャッフルしたトランプの最初の6枚を憶えるプロセスを説明するのが一番わかりやすいと思う。

まずは頭の中で旅に出かける。サリー州ギルフォードの旅行代理店に立っている自分を想像する。壁には休日旅行のポスターが貼ってあり、通りの喧騒が聞こえる。

現実の世界では、2枚のカードを続けてめくる。ダイヤのエースとクラブの7。私はただちに複合イメージ法を使って俳優ジョン・クリーズがジャグジーに入っている様子を思い描いた（ダイヤのエースは以前はニュースキャスター席に座っているアン・ダイヤモンドを使っていたが、その後、机の前で「これから今までとは違うものをお見せしましょう」と言っているクリーズのイメージに変えていた〔訳注：クリーズの代表作に『ワンダとダイヤと優しい奴ら』という映画がある。またイメージに付加した行動はコメディ番組でおなじみのクリーズのシーン〕。ジャグジーに入るというのは、クラブの7（よくジャグジーで一緒になる友人ポール）の行動である。そして、旅行代理店でこの奇妙な光景を見たときの感想――モンティ・パイソン〔訳注：イギリスで有名なコメディ・グループ〕のワンシーンにありそうな光景じゃないか――を頭に刻みつけた。そもそもクリーズはモンティ・パイソンのメンバーだから、しごく当然の感想だ。そして次のステージへ移る。

次にまた、2枚のカードをめくる。スペードの6とハートのエース。私は頭の中で踏切に立って、妻（スペードの6は妻。スペードのSには妻の旧姓Smithを、6［six］にはsexyを関連付けた）が自分の腕に薬物を注射している様子（ハートのエースはそのような行為をして青春時代を過ごした私の友人だ）を想像した。かなり衝撃的な光景だったが、これなら強く印象に残る。

また2枚カードをめくる。ハートのジャックとスペードの10。洋品店の窓から中を見ると、叔父（ハートのジャックに似ている）が象に乗っている（私は52枚のうち2枚のカードには人間でなく動物を関連付けていた。スペードの10はそのうち1枚で、もう1枚は私の愛犬だ。でも、ドミニク・システムを使うなら、本当はスペードの10にはＯＳのイニシャルの人物をあてたほうがいいだろう)。そして、店の中できまり悪そうに象に乗っている叔父の気持ちを想像する。

これで6枚が終わった。かかった時間はたったの4秒だ。

私のことを、即座に写真のような視覚化ができる特異な才能をもった人物と思う方がいるかもしれない。しかし、私は脳の中で詳細なイメージを描いているわけではない。カードを思い出すのに写真のような精密なイメージは必要ない。想起の段階では、記憶時に描いたイメージをいくらか誇張して視覚化するが、いかにうまく記憶し想起できるかは、そのイメージに刻みつけられた感情にかかっている。大事なのは、そのイメージから受ける全体の印象と、そのときの感情なのだ。

感情はたいていは瞬座に、反射的に浮かんでくる。そして強い力をもっている。イメージを描き、そのときの自分の感情を観察し、その感情をトリガーにしてイメージを想起するほうが、すべてを詳細に視覚化するよりもずっと短い時間で効果的に記憶することができる。

今まで想像力と五感を駆使してイメージを描くことの大切さに比べ、感情の重要性にはあまり触れてこなかった。確かに私も記憶力トレーニングを始めたときには、あれこれ誇張したイメージを想像し、滑稽なイメージ、悲しいイメージ、時には残酷なイメージまで描いて情報を頭に刻みつけていた。最初はこの方法が有効なのは間違いない。けれども練習を積み、上達するにつれて、詳細なイメージや誇張したイメージを使わなくてもよくなった。旅をして記憶することが、私にとってのもう1つの現実となったからだ。

しばらくすればあなたも、詳細なイメージよりも感情を頼りに思い出せるようになるだろう。あなたの旅は、幻想的なものやコメディ漫画のようなものから、強い感情と結びついた現実的なものに変わっていく。でも、その境地に達するまでには熱心に練習に打ち込むことが必要だ。カードの練習は記憶力の練習には最適である。これを練習することで日々の生活が変わってくる。定期的に練習を続ければ（例えば1日1回を1カ月）、5分くらいで1組のトランプを憶えることも可能になる。60秒以内で憶えることができたら、次の世界記憶力選手権チャンピオンも夢ではない。

コラム　スピードの壁を破る

カードの記憶に慣れてくると、どんどん短い時間で記憶できるようになり、その後、おそらく1組あたり5分から6分あたりのところで壁にぶつかる経験をするはずだ。この壁をどのようにして破ればいいのだろうか。以前、ある競技者が私に、どうしても4分の壁を破ることができないと言ってきた。彼女のエラー数を尋ねると、なんと、1枚たりとも間違えていないという。これが彼女の弱点だった。

おかしなことに聞こえるかもしれないが、私が1組のカードを最速で記憶しようとするときには、だいたい5、6個のミスをする。なぜ完璧を目指さないのかというと、エラーをなくそうとするとスピードが落ちるからだ。私は常に多少のエラーを許すことで、自分の限界に挑戦している。でも、そのリスクも十分にわかっているので、選手権ではペースを落としている。

この戦略は、本書で今まで提唱してきた完璧な記憶を目指すアプローチと矛盾するように思われるかもしれない。確かにそのとおりである。しかし、記憶力トレーニングを始めるにあたって最も大切なのは、自信をもつこと、そして私が当時感じたように、自分には絶対にできると思えるようになることだ。そうして自信がもてるようになったら、リスクを恐れずハードルを上げ、脳をフル活動させて記憶力を限界まで使ってみる。その結果、1つや2つ間違いをしたとしてもかまわない。それによって記憶力選手権チャンピオンへの道が断たれることはないのだから。

第19章

脳を解読する――テクニックからテクノロジーへ

今まで記憶するためのメソッドについて話してきたが、ここではそういったメソッドの訓練とは別に、私が取り入れている脳のトレーニングを紹介したい。このトレーニングを始めたそもそものきっかけは、1997年に、私が記憶しているときの脳の活動を調べたいという依頼を受けたことだった。脳波計を装着して脳の電気活動を測定し、脳梁（右脳と左脳をつなぐ部分）を通して情報が右脳と左脳の間を行き来するときの脳の活動を調べるのだという。そして、シャッフルされたトランプを憶えるときと、想起して復唱するときの右脳と左脳の電気活動のバランスと周波数（脳波の発生するリズム）を計測した。

コンピュータ画面に映された脳波の動きをリアルタイムで見るのは、私にとって非常に新鮮な体験だった。それまでに身につけた記憶のテクニックが、実際に脳内で使われている様子を見ることができたのだ。右脳のほうが活発に活動していると予想していたのだが、実際には、右脳と左脳がほぼ同等の電力を発していて、記憶中も想起の間もどちらかがもう片方を支配するということはなかった。

次に私は、周波数に注目した。私たちが発している脳波は主に次の4つである。

- β《ベータ》波：日常生活の中で警戒態勢に入ったときに生じる速い脳波で、行動を起こしたり意思決定をしたり、集中するときに重要な役割を演じる。β波の範囲は13〜40ヘルツと広域にわたるが、速いβ波と遅いβ波に分けることができる。速いβ波（24〜40ヘルツ）はストレス状態と関連しており、瞬時の判断や反応を行うときに役に立つが、長く続くと脳を疲弊させ、燃え尽き感を引き起こす。
- α《アルファ》波：比較的ゆっくりした「落ち着いた」脳波で、リラックスしている状態で生じる。想像力を働かせて視覚化をするには、この脳波が出ているとよい。9〜12ヘルツ。
- θ《シータ》波：「寝入りばな状態の脳波」と言われ、夢やレム睡眠（この間に記憶が形成されると言われている）と関連している実に興味深い脳波である。覚醒状態でθ波が出ると、創造的思考や論理的思考という記憶力に大切な脳の働きが促進される。5〜8ヘルツ。
- δ《デルタ》波：最も遅い脳波で、熟睡し、身体がリラックスしているときに生じる。1〜4ヘルツ。

カードを記憶しているときの私の脳には、遅いδ波から速いβ波まで、さまざまな周波数の脳波が生じていたが、圧倒的に多かったのがα波とθ波である。つまり非常にリラックスしていて、創造力も発揮できる状態だった。私の記憶のプロセスと一致した結果が出たわけだ。想起のときにはθ波が最も強く発生し、記憶を呼び起こすのに最適な状態になっていた。

この結果に触発された私は脳波が測定できる装置を購入し、自分だけでなく、クライアントや友人、家族の脳波を測定し、彼らの脳の中で何が起きているのかを調べ始めた。

結果を分析して

10年にわたり、記憶力に自信をもっている人とそうでない人、若い人と年配の人、働いている人と退職した人など、いろいろな人の脳を見てきた結果、それぞれの脳には個性があるが、幸せで健康的な生活をしていて、経済的にも恵まれている人——比較的少数派かもしれないが——の脳波には、概してあるパターンがあることに気づいた。コンサート・ピアニストやテレビのプロデューサーから子育てに奮闘する主婦まで、職業はさまざまだが、こういった人たちの脳には3つの共通する特徴があった。

1 右脳と左脳の強さ（脳波の振幅）のバランスが非常によい。
2 β波からδ波までのさまざまな周波数が現れており、周波数を簡単に変えることができる。つまり、車のギアを入れ替えてエンジンを最適な状態にするように、脳のパワーを最適化できる。

3　10ヘルツ程度の強いα波を出すことができる。つまり、リラックスし、情報を受け取る能力が高い。

データを役立てるには

さて、このようなデータを実践に取り入れるにはどうしたらいいだろうか。自分の脳波を最適化できるようになれば、記憶力はおのずと伸びるはずだ。機械を使って脳波を調整する方法に、ニューロフィードバックとAVS（Audio Visual Stimulation：聴覚と視覚の刺激）がある。私は（実証的研究をしたわけではないが）、本書で紹介している記憶力トレーニングは、機械を使うよりも多少時間と労力はかかるかもしれないが、記憶に最適な脳波を出すトレーニングとして、効果の面では引けをとらないと思っている。それでも私は、機械を使うと驚くほど短時間で脳波を調整できる点に注目した。

ニューロフィードバック――脳の力だけでコンピュータを操作する

脳の力だけでコンピュータゲームをやってみたいと考えたことはないだろうか。そんな荒唐無稽なことを……と思われるかもしれないが、実はそうではない。疲れていて、とても速いβ波が出ている状態では集中することができず、記憶力も働かない。この状態から脱出する方法が、ニューロフィードバックである。装置を着けて、α波とθ波を出さないとクリアできないようなゲームを行う（例えばボールを移動させて迷路を抜けるゲームで、β波を抑制してα波を出し、脳をリラックスさせないとボールが動かないようになっているなど）。このような意識的なリラクゼーションを何回か行うと、脳がギアをローに入れ替えることを学び、記憶力が働き始める。

AVS——脳を理想的なスペックに

脳波を調整するもう1つの方法がAVSである。椅子に座り、LEDライトがついた眼鏡をかける。自分が出したい脳波と同じ周波数でライトを点灯させ、脳の状態をライトのリズムに合わせていく。これを「周波数同調現象」と言う。例えばα波を出せるようになりたいなら、ライトの周波数を10ヘルツにセットし、20分程度目を閉じてゆったり座りながら、ライトの点灯するリズムに脳波を合わせる。AVSは非常に強力でありながら非侵襲性で中毒性もなく、脳を良い状態にリセットできる優れた装置である。できれば一家に一台と言いたいところである。

コラム テクノロジーと私のトレーニング

記憶力選手権の本番前の2〜3カ月間は、生活のすべてを選手権の準備のために使う。身体の調子を整え（第22章参照）、脳のコンディションも調整する。脳波測定装置とAVSを自宅に備え、右脳と左脳が常にバランスよく働くように調整を行った。

世界記憶力選手権には前述のように10の種目がある。私は戦略にもスピードにも自信がもてるようになるまで、すべての種目の練習をまんべんなく繰り返した。典型的なトレーニングメニューを紹介すると、まず600桁の数字を憶える（これにはポイント数50のコースを3つ用意し、複合イメージ法を使って各ポイントに4桁を置いていく）。それから単純なコンピュータプログラムを使って1秒間に6つの2進数を画面に映し出し、50秒で300桁を憶える。また、1秒に1個のペースで300個の数字を読み上げるソフトウェアを使っての練習も行った。

このような練習は、読み上げられる数字を憶える種目（スポークンナンバーズ）のトレーニングになると同時に、長時間集中力を持続できるような脳のコンディション作りにも役立つ。

ほかにも、電子辞書から300個の単語を無作為に選ぶプログラムを使って、それを15

分で憶えたり、年月日とランダムな名詞を提示させて、日付と出来事の組み合わせを作る練習もした。さらに、抽象的な図形を作ってそれを憶える練習を行い、「Facebook」などのソーシャル・ネットワーキング・サービス（SNS）を使って名前と顔も憶えた（15分で名前と顔の組み合わせを100個憶えるのが目標だった）。

第20章

初めての世界記憶力選手権

記憶のテクニックを身につけ、ギネスブックに載るという目標を達成した私は、次の目標を欲していた。そこで、世界最高峰の知的競技者が直接対決できる選手権を開催したいと考えた。私たちは毎年ギネス記録を通して間接的には対決していたが、正式な選手権を開き、直接対決によって記憶力を競いたいと考えたのだ。

世界各地に、カードや数列の記憶が得意で、この計画にのってくれそうな知人は何人かいた。でも、1つ問題があった。公正を期すためには、選手権を企画した者が参加するというわけにはいかない。わずかながらでも勝つ可能性があるならなおさらである。

そのとき、運命が私に手を差し伸べてくれた。1991年のことだ。私は1通の手紙を受け取った。差出人はチェスのグランドマスターであるレイモンド・キーン。数カ月後にあるイベントを企画しているという。手紙は次のような内容だった。

「拝啓　オブライエン様
　クライトン・カーベロ氏から、あなたなら私たちが主催する第1回の記憶力大会に興味をもっていただけるのではないかとの話をうかがいました。大会の詳細については同封の資料をご覧ください。あなたのご参加を心から願っております。ところで、私は『タイムズ』誌のブリッジのコラムで、あなたの素晴らしい記憶の技についての記事を読みました（私はこの雑誌でチェスのコラムを執筆しております）。お返事をお待ちしております。

敬具
レイモンド・キーン」

　何というタイミングだろう。これまでトレーニングしてきた3年間はこの大会のためだったかのように、こんな機会が転がり込んできたのだ。
　前述のように、レイモンド・キーンとトニー・ブザンは記憶力選手権の創設を思い立ち、世界規模で開催しようとしていた。初めて2人に会ったとき、彼らは私の記憶テクニックについて尋ねてきた。私がどのように記憶するかを説明すると、トニーはレイモンドの顔を見た。その表情は「こいつは秘策を知っている」と言っているように見えた。

2人は挑戦者として見込みのありそうな何人かと会って提案を聞き、それぞれの記憶テクニックをヒアリングしていった。そして集めた情報をもとに、第1回世界記憶力選手権の構想を固めた。そのわずか1カ月後に、私を含めた7人の挑戦者（トニー・ブザン曰く「偉大なる7人」）が、ロンドンのアテナウム・クラブで初代チャンピオンの座をかけて争うことになる。

タキシードに身を包み、できるだけの準備をしてクラブに向かった。一番緊張したのは、クライトン・カーベロ、そう、私がこの道に入るきっかけとなった人物に対面したときだ。彼に会って——とても魅力的な人だった——最初に気づいたのは、彼の靴が、私の顔が映りそうなほどピカピカに磨かれていたことだった。この靴のように磨かれた記憶テクニックを披露されたら、私に勝ち目はない。

選手権は熾烈《しれつ》な戦いとなったが、なんとしても勝ちたいという思いで私は最後の種目（ワンアワーカーズ）に勝ち、優勝の栄冠をつかんだ。カーベロに30秒の差をつけ、2分29秒で1枚のミスもなく1組のトランプを記憶することに成功したのだ。3年間の過酷なトレーニングの締めくくりとして、これ以上ふさわしいシーンがあるだろうか。

その後20年間で、選手権のルールも個々の種目も、世界各地から参加する記憶の達人の提案を受け入れながら改良されていった。ここまで本書を読んでくださった方なら、選手権の種目の大半、特に数字やトランプに関する種目やランダムな単語については、どう憶えればいいかはおわかりだろう。いずれも本書で紹介したテクニックを使って記憶していけばいい。

ちなみに、「抽象的な図形」（15分で抽象的な図形を憶える：第23章で述べる）と「2進数（30分でランダムな2進数を憶える：次章で述べる）」という2つの種目は、実は私が提案した自慢の種目だ。この2つもまた、あなたの脳にとって最高のトレーニング・メニューとなることは間違いない。

第21章

記憶力選手権——2進数を憶える

第1回の世界記憶力選手権は競技者にもメディアにも大好評で、次の年には規模も大きくして内容も充実させ、もっと多くの人に参加してもらえるようにしようということになった。私は2進数を憶える種目を取り入れることを提案した。2進数は記憶力を測る優れた指標になるし、記憶力を伸ばす最高の練習にもなる。

2進数列はコンピュータで使われる表現方法で、スイッチの状態（オンかオフか）を0と1の2つの数字で表したものである。つまり、2進数列には0と1が並んでいるだけである。下記の数列には、30個の0と1がランダムに並んでいる。このような数列を憶えるには、どのようにしたらいいのだろうか。

1 1 0 0 1 1 0 0 1 0 1 0 0 1 1 0 1 0 1 1 1 1 1 1 0 0 1 1 0 1

私が2進数は記憶力の優れた指標になると考えた理由がおわかりだろう。見るからに難しいのだ。それでももちろん、世界レベルの知的競技者にとっては30桁では少なすぎる。世界記憶力選手権では、最低でも30桁×100行の2進数が提示され、それを30分で憶える。

1997年、私は30分間で2385個の2進数を憶えた。これは当時の新記録だったが、のちに別の競技者に塗り替えられてしまった。いったいどうしたらそんな芸当ができるのかと思われるかもしれない。それには――どんな記憶競技にも言えることだが――システムが必要だ。2進数に関しては、ドミニク・システムをマスターしていれば、これを憶えるシステムにも比較的スムーズに進むことができる。

私のとった戦略は、2進数を扱いやすい数字のコードに変換し、そのコードを憶えるというものである。まず3桁の2進数のパターンをすべて書き出し、それぞれにコードをあてた。

000＝0
001＝1
010＝2
011＝3
100＝4
101＝5
110＝6
111＝7

コード化の方法は実にシンプルだ。上の列の4つについては3つの数字を合計し、残りの4つはそれに続く10進数（4、5、6、7）をあてただけである。2進数を憶えるには、コードを憶え、2進数をコード（数字）に変換し、その数字をペアにしたらドミニク・システムで人物に変換し、旅のポイントに置いていく。選手権では、競技者は各々が編み出したコードを2進数列の上に書き込むことが許されている。

2進数の記憶方法を憶えたところで何の役にも立たないのではないかと思う人がいるかもしれないが、そんなことはない。本当に記憶力を伸ばしたいならば、2進数の記憶の仕方を練習して損はない。2進数の記憶には記憶術のエッセンスがすべて詰まっているからだ。だから、しばらく我慢してお付き合いいただきたい。

ここに24個の2進数がある。

1 1 0 0 1 1 0 0 1 0 1 0 1 0 1 1 0 1 0 1 1 0 1 0

これをまずは3桁ごとにコード（括弧内の数字）に変換する。

1 1 0 (4)
0 1 1 (2)

001 (1)
010 (6)
101 (7)
101 (7)
011 (2)
010 (6)

変換を行ったら、次にこのコードを2つずつペアにする。

42　16　77　26

そして、それぞれをドミニク・システムを使って人物に変換する。私の場合、次のようになる。

デヴィッド・ベッカム、アーノルド・シュワルツェネッガー、レディー・ガガ、バート・シンプソン（できれば自分で設定した人物を使ってほしい。そのほうがより効果的に記憶できる）。

旅のポイントにこれらの人物を置くときには、複合イメージ法を使って、最初の2桁の

「人物」と、次の2桁の人物の「小道具・特徴・行動」を組み合わせて置く。そうすれば、たった2つのポイントを使うだけで24個の2進数を憶えることができる。

- ポイント1：イギリスのサッカー選手デヴィッド・ベッカム（42）がウェイトリフティング（アーノルド・シュワルツェネッガー［16］の行動）をしているイメージを置く。
- ポイント2：歌手のレディー・ガガ（77）が、「パンツでもかぶってろ」と叫んでいる（アニメのキャラクター、バート・シンプソン［26］の行動）イメージを置く。

この手順は一見、複雑に見えるかもしれない。0と1の並んだ数列を憶えるのにこんなに手間をかけるのではやっていられない、という声が聞こえてきそうだが、私たちの脳は驚くべき能力をもっている。その処理スピードは、どんなコンピュータをもはるかに凌ぐ。

例えば、ピアニストは1秒に10個の速さで音符を読みとって音楽に変換し、流れるように音を奏でる。一流のピアニストなら1秒間に20個の音符を読みとることができるという。あなたもこの文を読みながら、文字列を音に変換し、その音に意味を付加するという作業を無意識に行っているはずだ。すべては練習にかかっている。何事もやり方を学び、上を目指して取り組むことで自分のものにできる。それでは、次のページの演習に挑戦してみよう。

演習❾ 2進数列を憶える

では、今度はあなたが挑戦する番である。完璧にできるようになるには脳の機能をかなりレベルアップさせなくてはならないが、その過程で驚くほど記憶力が鍛えられる。

《ステップ1》

次の30個の2進数を、本章で先に挙げたコードを使って数字に変換する。3桁ずつコード化して紙に書き出そう。

0 1 1 0 1 0 1 1 1 1 0 0 1 0 1 0 0 0 0 1 1 0 1 1 1 0 0 1 1

《ステップ2》

次に記憶作業（コードを文字に、次に人物に変換し、旅のポイントに置く）に入る。制限時間は1分。タイマーをセットして作業を始めよう。1分たったら紙に2進数（コードではない）を書き出していく。18～24個答えられたら合格、25個以上なら優秀だ。

《ステップ3》

この演習を自信をもってできるようになったら、友人や家族に30桁の2進数列を作ってもらって練習する。あるいは目を閉じて、コンピュータのキーボードの0と1のキーをランダムに押して自分で数列を作ってもいい。今度は制限時間を1分30秒とするが、これには2進数を数字のコードに変換する時間も含める。世界記憶力選手権と同じ方式で取り組んでみよう。

第22章 記憶力選手権——名前と顔

1991年に第1回世界記憶力選手権で優勝したことによって、私は世界各地のメディアに取り上げられ、注目を浴びる存在になった。間もなくマネージャーを雇い、テレビ番組やトークショー、ゲームショーなどに出演し、カードを記憶してみせたり、聴衆の名前と顔を憶える技を披露するようになった。

記憶の達人として有名になると、ある種のプレッシャーもついてまわる。例えばパーティで、あるいは講演の場で私が誰かの名前を呼び間違えてしまったら、私の話にはまったく説得力がなくなる（何より恥ずかしい）。人の名前を憶えるというのは誰にとっても大切な社会的スキルであり、1回で顔と名前を憶えることができると謳っている私にとっては、自分の能力を証明する絶好の機会だ。また、世界記憶力選手権では最も白熱する種目の1つでもあり、2進数と同様、記憶力を鍛える最高の練習になる。

世界記憶力選手権では、挑戦者は姓名が書かれた１００枚の顔写真を見て、15分間で憶える。その後、ランダムに並べられた顔写真を見て、姓名を答えていく。しかも挑戦者は世界各地から集まるので、公平を期すために馴染みのない名前も加えてあるし、スペルを1字でも間違えれば加点されない。この競技をマスターしておけば、現実の社会で人と会ったときに大いに役立つことがわかるだろう。

挑戦者の気分を味わってもらうため、世界記憶力選手権で実際に出題された名前をいくつか紹介しよう。Detlef Sokolowski《デトレフ・ソコロウスキー》、Hlelile Esposito《ヘリー・エスポジート》、Ahlf Vogel《アールフ・フォーゲン》、Gad Hotchikiss《ガッド・ホッチキス》、Xiulan《キシウラン・》Majewski《マジェウスキー》――このような名前を1文字違《たが》わず憶えるのだから、いかに大変かがおわかりいただけるだろう。これを書いている時点での世界記録保持者はドイツ出身のボリス・コンラッド。彼は15分間で97の名前と顔を記憶した［訳注：２０１１年2月のルール改正により、姓と名は、欧州、中東、極東、アジア、アフリカ等の言語から均等に抽出して使用されることになった。また姓と名、顔は無作為に組み合わされるので、例えば欧州系の人物の顔写真にアフリカ系の名と中国系の姓がつくこともある］。

それでは、どのように名前と顔を憶えたらいいのだろうか。また、それは記憶力のトレーニングとして有益なのだろうか。名前と顔の記憶にはメソッドがいくつかあり、世界記憶力選手権では挑戦者は皆、そういったメソッドに自分なりの工夫を加えて使っている。でも、誰もが使っている共通の原則がある。それは関連付けと旅、そして想像力だ。

関連付けで憶える

顔と名前の組み合わせを憶えるには、数字の記憶のときと同じようにイメージに変換する必要がある。例えばルパート・ワッツ（Rupert Watts）という人物を紹介されたとしよう。何らかの理由でその男性からかかりつけの歯科医を想像したなら、その最初の関連付けを大切にして、その男性が白衣を着ている様子をイメージする。

それでは、ルパートという名前にはどのようなつながりをつけようか？　俳優のルパート・エヴェレットやメディア王のルパート・マードックといった有名人を想像する人もいるかもしれない。私はルパート・ベアという子供向け漫画のキャラクターを思い浮かべ、いつも行く歯科医院の処置室に、白衣を着て歯を削るドリルを手にしたルパート・ベアがいる様子をイメージした。「ワッツ」からは「電気」を想像したので、ルパート・ベアが処置室の電球を変えている様子をイメージした。次にこの人物に会ったときには、私はまたかかりつけの歯科医を思い出すだろう。そうすれば関連付けの鎖から即座に名前が浮かんでくる。

特徴から連想する

その人物から思い浮かぶような人がいない場合には、外見の特徴と名前の間にリンクを見つける。例えばティナ（Tina）という名の小柄な女性の場合、「ティニー・ティナ（tiny《小さな》 Tina《ティナ》）」という語呂合わせで名前と特徴を結びつける。彼女の姓がベリングハム（Bellingham）なら、小さなティナがハムのスライスで覆われたベルを鳴らしている様子（bell/ring/ham）をイメージする。

もちろん、このようにうまく名前と特徴をリンクできることばかりではないが、ルパート・ワッツが「かわいい（pert）」小鼻の持ち主だとか、オリバー（Oliver）・チャイルドの目がオリーブ（olive）の形だった、あるいはオリーブ色の肌をしていたなど、探せば何かしら見つかることが多い。リンクの強さは通常はたいした問題ではない。ちょっとした視覚情報のフックとなり、そこから関連付けをたどって名前が思い出せれば十分である。

名前から連想する

名前を思い出すきっかけは、視覚的な特徴（誰かに似ているとか外見上の特徴など）だけとは限らない。時には名前そのものが関連付けの鍵になる場合もある。例えば、ホームズという名前の人に会った場合、私はその人物がシャーロック・ホームズが住んでいたロンドンのベーカー街221b番地にいるところをイメージする。シャーロック・ホームズ風の演出を加えて、鳥打ち帽子をかぶってパイプをくゆらせている様子を想像するのもいいだろう。それから、その光景に名前の情報を加えていく。例えば、ペーターという男性だったら、私の父親（同じくペーターという名前）がベーカー街221b番地のドアをノックし、シャーロック・ホームズがドアを開ける様子、アンドレアという女性だったら、ホームズの書斎に紅茶を運ぶアンドロイドを想像する。

難しい名前を憶えるには

私たちは多文化社会に生きている。行く先々でさまざまな人に出会う。文化が多様なら姓名も多様になる。これを憶えるのは私のように記憶力トレーニングに励んできた者にとっても簡単ではない。私は、名前を憶えやすいかたまり（チャンク）に分解して記憶に残すようにしている。

例えば、ソコロウスキー（Sokolowski）という名前は「sock on a low ski（短いスキー板の上に置かれた靴下）」のイメージになる。エスポジード（Esposito）という名前も同様に、

ーを思い浮かべ、それをイメージするといい。では、「Arthur《アルツール》 Stanislofsachinkolovspedeten《スタニスロフサチンコロフスペデテン》」という名前を憶える関連付けを考えてみよう。どんなアイデアが浮かぶだろうか？　あなたの脳も私の脳と同じく、パターンを見つけてリンクを作るのが好きだから、何かしらの方法がきっと見つかる（明日、紙に名前を書き出して正しく憶えられたか、スペルも含めてチェックしよう）。

大勢の人がいる場所で名前を憶える

ここまで、出会った人の名前を憶えたり、選手権で名前と顔を憶えるときの方法を説明してきた。それでは実際に大勢の人がいる場所では、どのようにして1人1人の名前と顔を憶えていったらいいのだろうか。講演する機会が多い私にとって、参加者の名前を憶えることは大切な仕事の1つだ。50人程度なら難しくはない。トランプ1組よりも少ないのだ。

名前と顔の場合は、旅の各ポイントに参加者そのもののイメージを置いていく。前に私の旅のコレクションについて話したが、私は名前の記憶専用にポイント数50の旅をいくつか用意している。カードを何組も憶えるときのように、必要に応じて旅をつなげることもできる。

憶える手順は次のとおりだ。部屋に入って最初に会った人に自己紹介されたとする。すぐに旅の最初のポイントにその人物のイメージを置く。例えばゴルフの練習所の駐車場で、その人の隣に立っている自分を想像する。イメージを思い浮かべながら、名前を声に出して復唱し、その人の顔を観察する。まず目につくのはどこだろう。高い鼻？　巻き毛？　眉にある傷跡？　それとも上唇のほくろだろうか？　その人から連想できる知人や有名人はいないか？　ちょっとした特徴や癖でも名前の情報を引っかけるフックとなることもある。イメージを固めて名前と関連付けたら旅の次のポイントへ移動し、次の人に会う。1人1人これを繰り返して名前を憶えていく。

このシステムは、人々が会場で座っているときでも、動き回っているときでも使うことができる。その人が移動してしまったとしても、旅の然るべきポイントにその人のイメージが置かれているから、それを確認すればいい。ただし、私は通常、その場にいる人全員を1度に憶えようとはしない。人には誰にも「忘却の閾値《いきち》」があり、それを超えると記憶があいまいになり始めるからだ。閾値は記憶する対象によって変わる。

私の場合、数字やカードの閾値はかなり高いが（数字は200個、カードは100枚程度）、名前と顔の閾値は15だ。そこで15人の名前と顔を憶えたら、それまでの旅の復習をすることにしている。ポイントごとに置いたイメージをたどり、関連付けを強固にするのだ。時には最初につけたリンクが弱くて、名前を本人に確認することもある――本当はそんなことはしたくないのだが仕方がない。1度復習をしたら、自信をもって次の15人の名前と顔を憶えにかかることができる。

あなたの閾値は15より高いかもしれないし、低いかもしれない。経験を積んでその値を見つけ、復習する時間を取ることが大切である。

練習が天才を作る

SNSのウェブサイトは、名前と顔の記憶の練習に最適である。この力を身につけたいなら実際に練習してみるしかない。「Myspace」か「Facebook」にログオンし、名前と顔を無作為に選んで関連付けをしてみよう。そうしているうちに、リンクを作る能力が磨かれてくる。それでは、次の演習に挑戦してみよう。

演習⑩ パート1　初対面の人の名前を憶える

実際に部屋にいる大勢の人の名前を憶えるのには及ばないが、この演習ではそれに近い経験ができる。世界選手権もこの形式で行われるので、いい練習になるだろう。

下の10人の顔写真を見て、想像力を働かせ、本章で説明したテクニックを使って名前と顔を関連付けてみよう（旅を使ってもいいが、ここでは正しい順に憶えなくてもいいので、必ずしもその必要はない）。

記憶作業にかける時間は5分。5分たったら想起に入る。パート2では同じ写真の順番を並べ替えてあるので、写真に該当する姓名を書き出していこう。

BRAIN《ブレイン》 MACGRATH《マックグラス》

JACQUELINE《ジャクリーヌ》 DACEY《ディケイ》

BEN《ベン》 COBURN《コバーン》

CHARLIE《チャーリー》 KNOTT《ノット》

JOSEPH《ジョセフ》 FLUTE《フルート》

JUDY《ジュディ》 BARRATT《バラット》

ABDULLAH《アブドラ》 SINGH《シング》

MERIEL《メリール》 DALBY《ダルビー》

TED《テッド》 DOYLE《ドイル》

EMMA《エマ》 STEVENS《スティーヴンス》

演習⑩ パート2　名前を憶えているか確認する

ここにパート1で憶えたのと同じ10枚の顔写真を、順番をばらばらにして並べてある。それぞれの人物の姓名が答えられるだろうか。

姓が正しければ1点、名も正しければさらに1点加点（10人の姓名を正しく憶えていれば20点になる）。12～15点なら合格、16点以上なら優秀だ。

第23章

抽象的な図形

２００６年、私の提案により世界記憶力選手権に「抽象的な図形」という新しい種目が加わった。これは記憶力を測る究極の種目である。抽象的な図形を憶えるには、言語力も数学力も、論理的類推力も必要ない。想像力と創造力を使っていかに速く正確に記憶できるかを純粋に競うことになる。挑戦者は５個１列に並んだ白黒の抽象的な図形をできるだけたくさん憶える。制限時間は15分。その後、図形の順番が並び替えられたシートに、最初に提示された図形の順番を書いていく。

私の場合は、各図形を見て、最初に浮かんでくるイメージを確認する。次ページの５つの図形を見てみよう。何が「見える」だろうか？

私が見たイメージは次のとおりである。

1

2

3

4

5

1　ヤギの頭
2　庭のノーム［訳注：妖精の置き物］
3　リスの背に乗っている騎手（リスに対して騎手の身体が大きすぎてバランスが悪い）
4　ウサギ
5　コウモリが飛んでいる様子

関連付けができたら、それを使ってストーリーを組み立て、順番通りに図形を憶えていく。例えば、ヤギが庭のノームをあごでつついていると、騎手がリスにまたがって走ってきて、ウサギを飛び越える。ウサギはコウモリを食べている――。

このストーリーを「抽象的な図形」用の旅の第1ポイント（私の場合は家の裏庭）に置く。これで1列目の5個の図形が第1ポイントに置かれたことになる。続いて次の列の5個の図形も同じように、旅の第2ポイント（庭の物置小屋）に置く。こうしてストーリーを作って各列の図形の順番を憶えたら、列の順番ごとに旅のポイントに置いて保存していく。

1　2　3　4　5

例えば第2列の図形が上の5つだとする。

この図形を見て、どのようなイメージが浮かんできただろうか。私のイメージは次のとおりである。

1　小さなエイリアン
2　こちらを見上げているプードル
3　祈っている人
4　変わった形の帽子をかぶった鼻の大きな男性
5　短い角を生やしたシカ

この場合はまず、エイリアンが庭の物置小屋の扉を開ける様子をイメージする。そこではプードルが番をしていて、中に入ると男性が慈悲を乞うて祈っている。彼は変わった帽子をかぶった男にとらわれていた。小屋の壁には短い角のシカの頭の剥製《はくせい》がかかっている——。

それでは上記2列の図形の順番を並び替えてみよう（次ページ参照）。

裏庭のシーンを頭の中で再現すると、上の列のもともとの順番は4→3→2→5→1だとわかる。

前のページを見ずに、もともとの順番を思い出すことができただろうか?

この2つの例では私の関連付けを紹介したが、もちろんあなたにはもっとしっくりくる関連付けがあるだろう。大切なのはできるだけすぐに関連付け、それを記憶しやすいストーリーに仕立てること。これを毎回行うことで、想像力と創造力、そして関連付けの力が鍛えられていく。それでは、次の演習に挑戦してみてほしい（今回は選手権の形式に即して、番号をつけていない）。

演習⑪ 変身譚

まず、ステップ1の欄に並んだ3列の抽象的な図形を見て、あなたなりの関連付けで憶えてみよう。制限時間は5分（タイマーをセットしよう）。5分たったらステップ1の図形を隠し、ステップ2の図形を見て元の順番に並び替える。2列完成させることができたら合格、3列全部を元通りにできたら優秀だ。

《ステップ1》イメージを記憶する

《ステップ2》イメージを元の順に並べ変える

第24章 記憶力チャンピオンとしての生活——スピーチ力を鍛える

前の章で述べたとおり、私は会う人会う人に記憶の技を見せてくれと言われるだけでなく、テレビにも出演するようになった。想像していただきたい。自信とはまったく無縁の子供時代を過ごした人間が、今やテレビカメラの前にいる。何百万人という視聴者がいる前で気後れせずにどっしりと落ち着いて、理路整然と自分の考えていることを伝えることを求められるようになったのだ。でも幸い、自分の脳には素晴らしい力があるとわかったおかげで、こういった面での自信もついてきた。

それでも、大勢の人の前で話をするのは得意ではないし、それはおそらく私だけではないだろう。『ハックルベリー・フィンの冒険』の作者として有名な19世紀アメリカの作家マーク・トウェインが、南北戦争に関わった要人たちの夕食会にゲストスピーカーとして招かれたときの逸話がある。要人たちが次々と格調高いスピーチを披露し、トウェインの番になった。彼はおずおずと立ち上がってこう言った。「カエサルも、ハンニバルももういない。ウェリントンは美しい都市になり、ナポレオンは墓に眠った。でも、正直に言いますと、私はどうにも落ち着かないのです」。そして、そそくさと席に座ってしまったという。

現代に生きる我々もトウェインと同じだろう。アメリカで行われたある調査によれば、多くの人が公衆の面前でスピーチをする恐怖は死への恐怖より勝ると答えている。

おそらく、スピーチをするのが怖い最大の原因は、緊張しすぎてトンチンカンなことを口走ってしまったり、最悪の場合は何もしゃべれなくなってしまうのではないかという不安にあるだろう。それなら原稿を読み上げたらどうかと思われる方がいるかもしれないが、考えてみてほしい。あなたが今までに感銘を受けたスピーチの中で、原稿に目を落とし、ページをめくりながら読み上げていたものがあっただろうか。きっとないだろう。人の心を動かすスピーチというのは、話者が聴衆とアイコンタクトをとり、聴衆に笑いかけ、自然に心の底から言葉が出てくるかのように話すものだ。

スピーチの内容が話者の頭にしっかり入っていれば、聴衆は話に引き込まれていく。これこそ私がテレビカメラがあるかどうかにかかわらず、人に話をする活動を始めたときに習得しなければならないことだった。

準備が大切

準備を十分にしないでスピーチをしようと思うのは、そもそも間違っている。私が今までスピーチについて受けたアドバイスの中で最も有益だったものの1つに、「何を今から話すのかを話す。次にそれを話す。最後に、何を話したかを話す」というものがある。「何を話すか」については、いきなりスピーチ原稿を書き出すのではなく、まず構想を練ることから始めると、関係のない情報や重要度の低い情報を排除して筋道立った骨子を作ることができる。それから原稿を書き始めるといい。

スピーチの準備をする際のお勧めの方法がある。世界記憶力選手権の創設者の1人であるトニー・ブザンが開発したマインドマップである。マインドマップは、中心となるトピックの周りに関連した情報を配置していくことで、全体のつながりを視覚的にも整理することができる。スピーチ原稿の場合は、シートの中央にトピック（スピーチのテーマ）を書く。ある情報に関連したアイデアや考えを思いついたら枝をどんどん延ばして描き込んでいき、最終的には自分の言いたいことが漏れなく枝の先に書かれたマップにする。これによってトピックにまつわる要素の関係性が明確になり、無理のない論理的な構成ができ上がる。

例えばインターネットに関するスピーチの場合には、シートの中央に「インターネット」

と書いて丸で囲む。あるいはコンピュータの絵を描いてもいい。マインドマップを効果的にするためには、メインの要素（主枝）ごとに色を分けるといい。こうすることで地図をたどりやすくなり、思い出すのも簡単になる（地下鉄の路線図が各線ごとに色分けされていなかったら、非常にわかりにくいのと同じである）。この場合ならEメールを茶色、ウイルスを赤、WWW（World Wide Web）を緑、インターネットの起源を黄色などにする。そして、それぞれの主枝から、サブの要素（副枝）を延ばしていく。必要に応じて図や言葉などで説明を加えながら、全体を整理していく。

　このツールが素晴らしいのは、線形思考に制限されることなく、いろいろな角

マインドマップの作り方

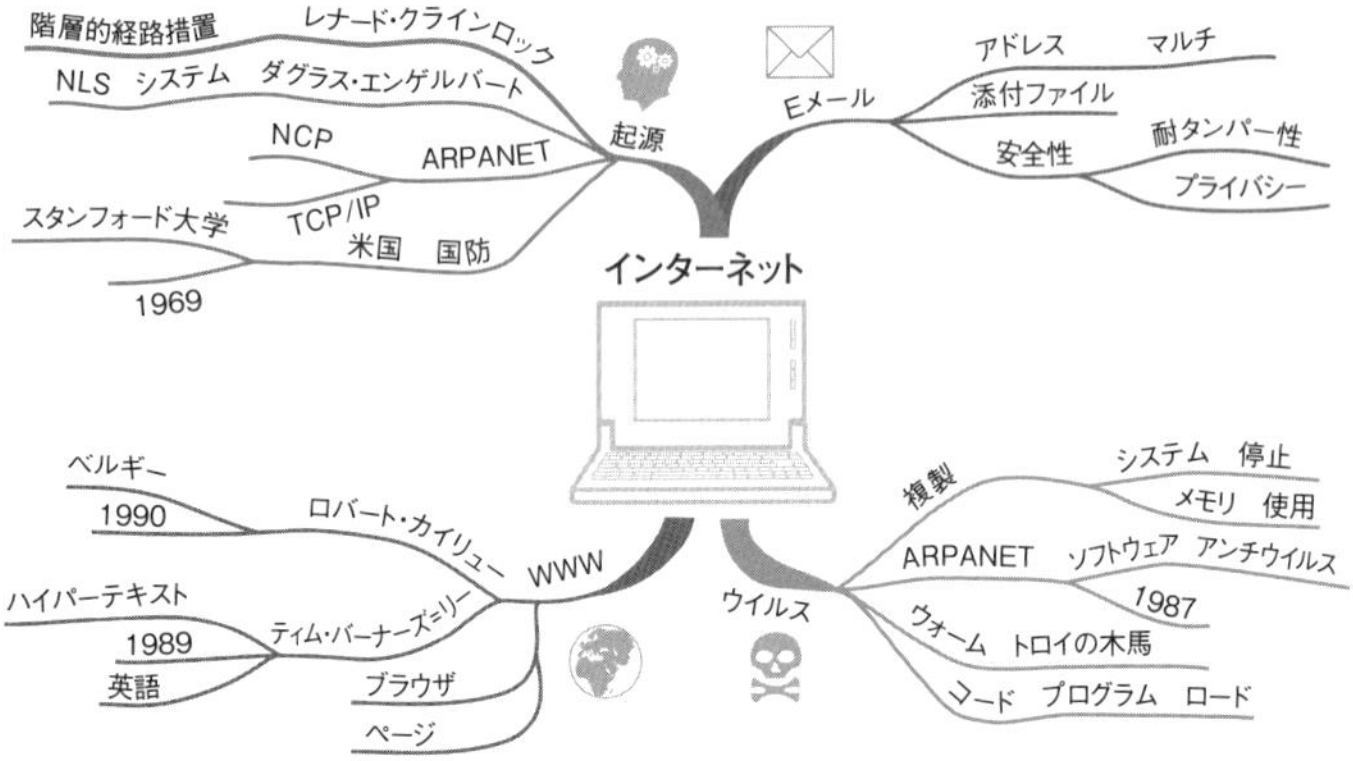

マインドマップでは、メイントピックを図の中央に置き、それに関連したアイデアや情報をその周囲に次々に配置していく。マップを描くことで情報が整理され、論理的なスピーチの骨子を組み立てることができ、記憶の視覚的トリガーにもなる。

度から創造的に脳を働かせることができるという点である。スピーチの構想を練るときに話したいことが浮かんできたら、主枝や副枝をいつでも自由に加えることができる。そうしてスピーチに加えたい要素をすべて視覚化してから、どの枝を最初にもってきて、どのようにつなげ、どうやってすべての枝をスピーチに含めたらいいかを判断していく。私の場合は枝に番号をふり、一番自然で論理的なプレゼンテーションの骨子を組み立てるようにしている。

スピーチの骨子が整ったら、マインドマップにつけた番号を参照しながら、要点を順番に書き出していく。短いスピーチなら5項目程度の箇条書き（各項目が2～5分間くらいの内容）、長いスピーチの場合は20項目になることもある。要点を書き出したら、ジャーニー法を使ってそれを憶えていく。

ジャーニー法を使う

ジャーニー法はスピーチの順番を憶えるのに絶好のツールである。自分自身が旅のポイントからポイントへと動いていく様子をイメージしながらスピーチをする。誰かに質問を受けて旅が中断したときには、その場所に戻ってそこに置いた情報を拾い上げればいい。

具体的には、次のように行う。要点を箇条書きにしたら、それぞれを旅（私はスピーチ専用の旅を数本用意している）のポイントに置くための視覚イメージに変換する。私はそのイメージを極力シンプルなものにしているが、例えば関連した日付などを憶えるには、各ポイントで簡単なストーリーを組み立てる必要も出てくる。

インターネットのスピーチで、まず起源について話をすることにしたとしよう。インターネットの起源はアメリカ国防省で使われていたシステムであると言われている。旅の最初のポイントが自宅の玄関であれば、オバマ大統領がドアのブザーの代わりに赤い大きな非常ボタンを押している様子をイメージする。これで、インターネットの起源である防衛戦略の話題を引き出すきっかけとしては十分である。でも、それが起こった(インターネットの前身が構築された)1969年という年号はどのように憶えたらいいだろうか。

それにはドミニク・システムを使えばいい。1969をAN(19)とSN(69)に変換し、例えばスウェーデンの科学者でノーベル賞の提唱者であるアルフレッド・ノーベルと、俳優のサム・ニールにそれぞれさらに変換する。そして、ノーベルが恐竜に乗って(映画『ジュラシック・パーク』でのニールの行動)、オバマ大統領に賞を授与するためにドアに向かう様子をイメージする。これだけのイメージで、インターネットの起源について1、2分のスピーチができる。スピーチを始めたら、マインドマップの視覚イメージを思い出して情報を補いつつ、旅の次のポイントへ移動して次の論点へと移る。

連想結合法を使う

私は、タレントからビジネスパーソンまで、さまざまなクライアントに記憶テクニックを教えているが、その1人にイギリスのトップ・コメディアンがいる。以前、彼は舞台で台詞を忘れないようにオートキューという装置を使い、1つのギャグに2、3語からなるヒントを書いて、目の前の透明なスクリーンに次々と表示させるようにしていた。あるギャグを言いながら、スクリーンで次のギャグのキュー（合図）を確認していたわけだ。

最初のうちは、このシステムはうまく機能していた。2、3語の短いキューから次のギャグを思い出せたので、オートキューを見ていると悟られることなく自然に演じることができた。しかし、だんだんと記憶力に対する自信がなくなり、キューを追加するようになった。そして、演技がだんだんと不自然になっていった。オートキューが彼の作業記憶の代わりになってしまったのだ。これではいけないと思い、彼は私のところにやってきた。

そこでジャーニー法を教えたところ、彼はギャグの内容を頭に保存しておくことができるようになった。彼は非常に豊かな想像力の持ち主で、1つのギャグからいくつかの場面を抽出してそれをイメージ化し、旅のポイントに置くことが簡単にできた。この方法なら頭の中にキューを置けばいいので、いくらでも増やすことができる。

それでも、ジャーニー法だけでは次のギャグへ無理なく移行するのは難しかった。そこで、連想結合法（第7章参照）も併用することにした。ジョークの終わり（旅の最後）に次のギャグの鍵となるイメージを並べておき、それを手がかりに次のギャクが何だったかを思い出すようにしたのである。例えば、遊覧船の話題の次に自分の叔父の話をする場合には、遊覧船の話のオチを言いながら、川辺の土手に立っていつものポーズをとっている叔父の姿を想像する。叔父のイメージが記憶を呼び出す鍵となって、次のジョークに移る（次の旅を始める）ことができるのだ。

よく知っている旅を使ってギャグの内容を記憶し、連想結合法を使って次のギャグにつなげる——この組み合わせによって彼は、自信をもって完璧なパフォーマンスができるようになった。

もちろんこの方法は演技だけではなく、長いスピーチをするときにも使うことができる。例えば、新人グループの研修を担当することになったとしよう。午前中のスピーチでは、会社の組織構造、企業理念、職務、指示系統など、仕事に就くにあたって最低限必要な要素を話しておきたい。この場合もコメディアンと同じ方法で、旅のコースを作ってポイントに各要素を置き、各ポイントの最後には次の要素を思い出させるようなイメージも用意してつなげていけばいい。この方法を使えば、いくらでも情報を記憶できる。

演習⑫ ジョークを憶える

コメディアンが次から次へとギャグを言って大笑いさせる。そのギャグを誰かに後で伝えたいと思っていたのに少しも思い出せない——そんな経験のある方も多いのではないだろうか。ジャーニー法を使えば、それが可能になる。この演習では、下記の10個のジョークに関連したイメージを作り、それを旅の各ポイントに置いていく。友人を相手に実際に舞台に立ったつもりで話を披露して、どれくらい憶えられていたかをチェックしてみよう。連続で5、6個再現できれば合格、7個以上なら優秀だ。

1 小さな女の子がパパに、クリスマスに魔法の杖が欲しいとお願いしている。そして最後にこう付け加える。「電池を入れるのを忘れないでね」

2 宝くじ、それは数学に弱い人々に課せられる税金である。

3 新興住宅地とは、木を切り倒してその後に通りの名前をつけた場所のことである。

4 お金はしゃべるんだ。私のお金はだいたいいつも「バイバイ」としか言わないけれど。

5 サンタクロースのお手伝いさんが落ち込んでいるのはなぜ？ 子供（elf）を軽く見ているから［訳注：子供を軽く見る（has low elf-esteem）と自信がない（self-esteem）をかけている］。

6　仏教徒がホットドッグ・スタンドに立ち寄って注文した。「トッピングは全部つけてください」［訳注：原文の仏教徒の台詞は「Make me one with everything」である。仏教ではこの世のすべてと調和すること（one with everything）が悟りの境地とされており、「トッピングを全部つけてください」と「悟りを開かせてください」の2つの意味がかけられている］

7　最初に成功しないと、スカイダイビングなんかできるようにならないよ。

8　動物実験なんてひどいものだ。動物たちはみんな神経質になって、おかしな結果しか出ないんだから。

9　牛にいくら面白いジョークを言ったからといって、笑いすぎて鼻からミルクを出すなんてことがあるかい？

10　店が1軒ある場所にはデパートがあると思え。

第25章 記憶力チャンピオンとしての生活——日付を憶える

1993年、私はBBC-Radio2の「メモリー・マン」になり、イギリス各地のリスナーたちから過去40年間のヒットソングについての記憶力を試されることになった。番組は週に1度。DJがリスナーの1人に生年月日を尋ねる。私はそれを聞いて、その週にイギリスで一番ヒットしていた曲のタイトルとアーティスト、レーベル名、そしてその曲が何週にわたり1位だったかを答える。

例えば、あるリスナーが「1956年2月23日」と言ったら、そのときのナンバー1シングルは「思い出はかくのごとし（Memories are made of this）」、歌っているのはディーン・マーティン、レーベルはキャピトル（Capitol）、4週連続1位と答えるわけだ。

このために私は、1年ごとに1本、計40年分の旅を準備した。たいていは年に約20曲のナンバー1ソングがあるので、ポイント数が20程度の旅を用意した。旅のコースは月ごとにエリアに分け、そのエリアの中にポイントを設定していった。そして各週のチャートが発表された日と曲名、アーティスト名、レーベル名、連続何週1位だったかを関連付け、各ポイントにそのイメージを置いていった。

例えば、ディーン・マーティンの曲の場合は次のようになる。リスナーの生まれた年が1956年なので、その年の情報が保存されている私の義兄の家の2階を巡る旅をたどり始める。2月のエリアは廊下だ。2月23日は2月21日から始まる週のチャートに該当する。2月21日の目印は、鍵を持って立っている友人のジュリア（21からは鍵を連想した〔訳注：イギリスのビンゴゲームでは「21」を「Key to the door（ドアへの鍵）」とコールする〕。そしてジュリアはいつも鍵束を持っている）だ。ジュリアの隣にはシーツ用の戸棚がある。戸棚を開けると、脈打っている大きな脳が入っている。ここから「思い出はかくのごとし」というタイトルが思い出せる。

さらに、そこにはディーン・マーティンもいる。彼は白いキャップ（Capitolからの関連付け）をかぶっている。ただし、彼は戸棚の横に立っているのではなく、ヨットに乗っている。ヨットの帆は数字形システムでは4。これにより4週間トップだったことがわかる（ひと月の間に複数1位の曲がある場合には、1つのエリアに1位になった曲の数だけポイントを設定し、それぞれに曲を置いていく。今回の場合は、この曲が2月を通してずっとトップだったので、廊下に置いてあるのは1曲のみである）。

演習⑬ ヒット曲を憶える

ここに1980年代のイギリスのナンバー1ヒットソングが年ごとに10曲並べてある。それぞれの曲名と1位を取った年、アーティストを憶えよう。思ったよりずっと簡単にできるはずだ。ドミニク・システムを使って年を人物に変換し、その人物を使って曲に関連したイメージを作ればいい。例えば、1988年の「モンキー」とジョージ・マイケルを憶えるには、私のシステムでは88（HH）はプロレスラーのハルク・ホーガン（Hulk Hogan）なので、彼が猿（monkey）とリングで闘っていて、ジョージ・マイケルがレフェリーをしている様子をイメージする。

制限時間は10分。憶えたら記憶だけを頼りに、3つの要素を書き出そう。1曲につき3点満点（年、タイトル、アーティスト各1点）で18～24点なら合格、25点以上なら優秀だ。

1980　「ロック・ウィズ・ユー（Rock with You）」　マイケル・ジャクソン
1981　「フィジカル（Physical）」　オリビア・ニュートン＝ジョン
1982　「アイ・オブ・ザ・タイガー（Eye of the Tiger）」　サバイバー
1983　「今夜はビート・イット（Beat It）」　マイケル・ジャクソン

1984「ジャンプ（Jump）」 ヴァン・ヘイレン
1985「ヘヴン（Heaven）」 ブライアン・アダムス
1986「スレッジハンマー（Sledgehammer）」 ピーター・ガブリエル
1987「オープン・ユア・ハート（Open Your Heart）」 マドンナ
1988「モンキー（Monkey）」 ジョージ・マイケル
1989「胸いっぱいの愛（Eternal Flame）」 バングルス

ニーモニック――記憶を助ける手段

ドミニク・システムとジャーニー法を使って、ある事実とそれに関する数字を憶えることができれば、雑学クイズの達人になれる（私はトリビアル・パスート〔訳注：一般知識についての能力を競うボードゲーム〕の回答もすべて記憶している）。でも、もっとシンプルな「ニーモニック」もある。

ニーモニックとは、ギリシャ神話に出てくる記憶の女神ニーモシュネ（ムネモシュネとも言う）に由来し、「情報を記憶する助けとなるもの」を意味する言葉である。ジャーニー法、数字形システム、数韻システムなど、これまで紹介してきた記憶テクニックはいずれもニーモニックだ。これらの方法では、情報を意味のある記号、画像、言葉や文章に変換して記憶しやすく——つまり想起しやすく——している。ここでは、もっとシンプルなニーモニックを1つ、紹介しよう。

頭字語とその応用

LOL、BTW、KIT——メールやSNSなどの普及によって、簡略化したメッセージを送る機会が増えた。書き言葉でも話し言葉でも、多くの人が頭字語を使っている。LOLは「Lough Out Loud（大笑い）」、BTWは「By The Way（ところで）」、KITは「Keep In Touch（連絡してね）」という意味である。メールやSNS以外でも、例えばBBC、CBS、ADHD、PMSなど、頭字語のまとまりで使われることのほうが多い企業名や名称もある。

頭字語を利用すれば、憶えたい言葉が憶えやすくなる。頭文字をつなげて新たな言葉を作るのだ。例えば、原子について勉強するときには、陽子（proton）、電子（electron）、中性子（neutron）の頭文字をつなげてPENとすれば、原子を構成する3つの要素が憶えられる。

頭字語の応用として、単語の頭文字をつなげて文にする方法もある。例えば、世界の7つの大陸（Europe、Asia、Africa、Australia、Antarctica、North America、South America）を憶えるには、「Eat An Apple As A Nice Snack（おやつにリンゴを食べる）」という文を作ればいい。文にする利点は、単語の音の響きが文に反映されるので思い出しやすくなることだ。特に馴染みのない単語や用語には便利である。

このようなニーモニックは私にとってハンディ版の記憶テクニック、つまり、何か憶えたいことがあったときにいつでもすぐに使える気楽なシステムである。

第26章

記憶ツールを使う——学びの場で

私たちは、日々さまざまなところから情報を得ている。学生ならば教室で授業を受け、または本やインターネット上の教材で学ぶ。企業で働く人たち、あるいは人を教える立場にある人も、報告書や教材、本や雑誌などを読んで勉強する。どこから情報を受け取ったとしても、その情報を長期記憶に保存し、試験や会議、誰かを教えるときなど、必要に応じて取り出せるようにしておかなければならない。

私たちの大半は、習得すべき基礎知識のほとんどを学校で学ぶ。授業後に教わったことをどの程度憶えているかについてはさまざまな推論が出されているが、カリフォルニアのウィリアム・グラッサー協会の研究によると、読んで得た情報は約10％しか憶えておらず、見たり聞いたりした情報は50％程度、実際に体験したことは約80％憶えているという。この研究ではほかにも、自分が誰かに伝えた情報は約95％憶えていることが示されている。

この結果からどんなことがわかるだろう。第一に、見たり聞いたりした「生の」情報のほうが頭に定着しやすいということ。第二に、行動する、あるいは感じるなどして自分で体験するほうが、書かれたものを読むなど受け身で学ぶよりもはるかに長期記憶に残りやすいということである。そして、情報を誰かに伝えるときには、それを憶えるだけでなく理解しなくてはならないので、それによって最初に学んだことが強化されて脳に刻み込まれるということが推察される。

私は、どのような学習方法をとるにしても、習得の鍵となるスキルは次の4つだと考えている。

- 情報を効果的に吸収する
- 要点をメモする
- 要点を記憶する
- 憶えたことを復習する

情報を効果的に吸収する

私たちは、学ぶため、試験のため、あるいは仕事のために必要な情報の多くを文章から得ている。大学で学問を追究しようとするときも、会議でのプレゼンテーションのために情報収集するときも同様である。文字媒体から効率よく学ぶには、ゆっくりと丹念に読み、細かいところまですべて頭に刻みつけるようにするのがいいのではないか、と思う人もいるだろう。しかし研究によって、適切な読み方をしていれば、読むスピードが速いほうが情報が頭に定着しやすいことが示されている。一番いいのは、読みながらペンや人差し指などで読んでいる箇所を追っていく方法だ。今読んでいる箇所を確認しながら読むことで集中力が大幅に高まり、驚くことに読むスピードも速くなることが示唆されている。

要点をメモする

私がお勧めしたい読書法の1つに、20分おきに切りのいいところで立ち止まってメモを取るという方法がある。それまで読んだ内容の要点をまとめ、紙に書き出す。その際、マインドマップは読んで得た情報を視覚的に保存するための打ってつけのツールである。マップの作り方については第24章を参照していただきたい。メモを取るスピードが低下するのを防ぐためには、記憶を頼りに行うのが理想だが、必要なら読み返してもかまわない。

要点を記憶する

マインドマップに要点を書き出したら、その情報を整理し、憶えやすいものにコード化する。スピーチの記憶（第24章参照）と同じことを行うわけである。マインドマップに書き出した要点に番号をつけて箇条書きにし、それぞれをイメージに変換していこう。各イメージを旅のポイントに順番に置いていけば、今までに読んだ要点は記憶できていることになる。

日付の記憶

歴史や文学、経済、地学など、日付を効果的に憶えたい場面は多々ある。例えば歴史の勉強で、アメリカの独立戦争に関する日付を憶えるとしよう。イギリス軍とアメリカ軍の戦闘が始まったのが1775年4月19日、バンカー・ヒルの戦いが同年7月17日、アメリカ海兵隊が発足したのが同年11月28日、トマス・ペインが『コモン・センス』を発行したのが翌1776年1月9日、そしてアメリカが独立宣言をしたのが同年7月4日である。

この日付と出来事を憶えるには、あらかじめ用意しておいた旅を使う。自分が通っていた学校を回る旅などがいいだろう。それから出来事と日付を鮮やかなイメージに変換してポイントに置いていく。

例えば、最初のポイントが学校の正門だとする。置きたい情報は「1775年4月19日、戦争開始」だ。そこで、校門に向かってピストルが発砲された様子をイメージする。あたりには雨がふっており、友人のアン（19＝AN。音の響きからAnneを連想）が傘をさして立っている。［訳注「April showers bring forth May flowers（4月の雨は5月の花を咲かせる）」という諺がある］。日付だけでなく、年号を憶えるのにもドミニク・システムを使う。元副大統領のアル・ゴア（17＝AG、アル・ゴアのイニシャル）が雨に濡れながら座り心地がよさそうな革の椅子にゆったりと腰掛けている様子（75＝GEから友人のゲリー［Gerry］を連想。彼はいつもお気に入りの革の椅子に腰掛けながら映画を見ている）をイメージする。この作業を繰り返して日付と出来事を旅のポイントに順番に置いていく。

最後のポイントは講堂だ。厳かに式辞（独立宣言）が読み上げられている舞台で、友人のジュリー（Julie。7月＝Julyからの連想）が女優のオリンピア・デュカキス（04＝OD）と握手を交わしている。舞台の脇には、歌手のグウェン・ステファニー（76＝GS）の特徴であるプラチナブロンドの髪をしたアル・ゴア（17＝AG）が立っている。

憶えたことを復習する

何を憶えるにしても、前述したとおり、忘却の閾値、つまり最初に回した記憶という皿がぐらつき始めるときが存在する。試験勉強でも、重要なプレゼンテーションを行うときでも、復習すべきタイミングとその方法を知っておくことで、プレッシャーのかかる状況でも忘却を最小限に食い止めることができる。第13章で紹介した「5回の法則」のほかにも、いくつか復習のメソッドがある。記憶中には、脳に2つの「効果」が生じることが科学的に証明されている。効果的な学習と想起に復習がいかに重要かを理解してもらうために、まずはこの2つの効果について説明しよう。

初頭効果と親近効果

何の戦略も使わずに20のアイテムを憶える場合でも、だいたい初めの5～10個は比較的簡単に憶えられる。これは「初頭効果」と言われるもので、記憶中の集中力の変化によって起こる現象である。リストの最初のほうでは集中力が発揮されているが、脳が情報を吸収し始めると次の情報に集中できなくなり、学習効果ががくんと落ちてしまうのだ。

その後、憶える情報があと少しだとわかると、再び集中力が高まる。これは脳が作業の終わりを察知し、覚醒したような状態になるためである。これを「親近効果」と言う。

親近効果は憶えるときにも想起するときにも、さまざまな面で関わってくる。また、自分に起こったことの記憶にも大きな影響を与える。例えば、いつものように働いて車で帰宅したとする。住んでいる街には10の信号がある。最初の7つは青だったのですいすいと進んだが、次の3つは赤だったので止まらなくてはならなかった。家に着いて家族に帰り道はどうだったかと聞かれたとき、直近の記憶が引き出され、道が混んでいて信号にことごとく引っかかったと答える。もちろん、これは実際に起こったことの正確な表現ではなく、直近に起こったために頭に強く残っていた感想である。

時間の経過と集中力の関係を示した次のページのグラフを見てみると、初頭効果と親近効果に挟まれた部分は集中力が大幅に落ち込み、想起できる割合が25％まで低下していることがわかる。この集中力の低下を最小限にして重要な情報を植えつけるために、情報を発信するときに用いるさまざまなテクニックがある。その1つが「繰り返し」だ。ラジオやテレビで流れるCMを思い出してみてほしい。何回商品の名前を連呼しているだろうか。短いCMでも2回や3回は商品名を耳にするはずだ。これは何度も繰り返すことで、脳に浸透させやすくする効果を狙ってのことである。

ほかにも、スピーチの中にジョークや脱線を加えるというテクニックがある。ペースや内容を変化させて脳に揺さぶりをかけると、脳細胞が警戒態勢に入る。フォン・レストルフ効果（第11章参照）もこのような揺さぶりの一例であり、講演や授業での学習効果を最大限に高める優れた方法である。

このようなテクニックの効果自体は疑いないものであるが、活字から情報を得るときには使うことができない。この場合は適度に休憩を取るとよい。例えば20分間集中して6回学習するほうが、2時間ぶっ通しで学習するよりもはるかに効果がある。短時間集中することで、情報を保持する（そして想起する）ときの初頭効果と親近効果の間の落ち込みを回避することができるのだ。

20分間学習するごとに4、5分の休憩を取るようにすれば、初頭効果と親近効果の影響を最小限に抑えることができる。休憩中にまったく関係のないことをしていたとしても、脳はその間に学んだことを思い出している。これによって学習したことが定着するのである。

忘却曲線

何を学ぶか、目的は何かにかかわ

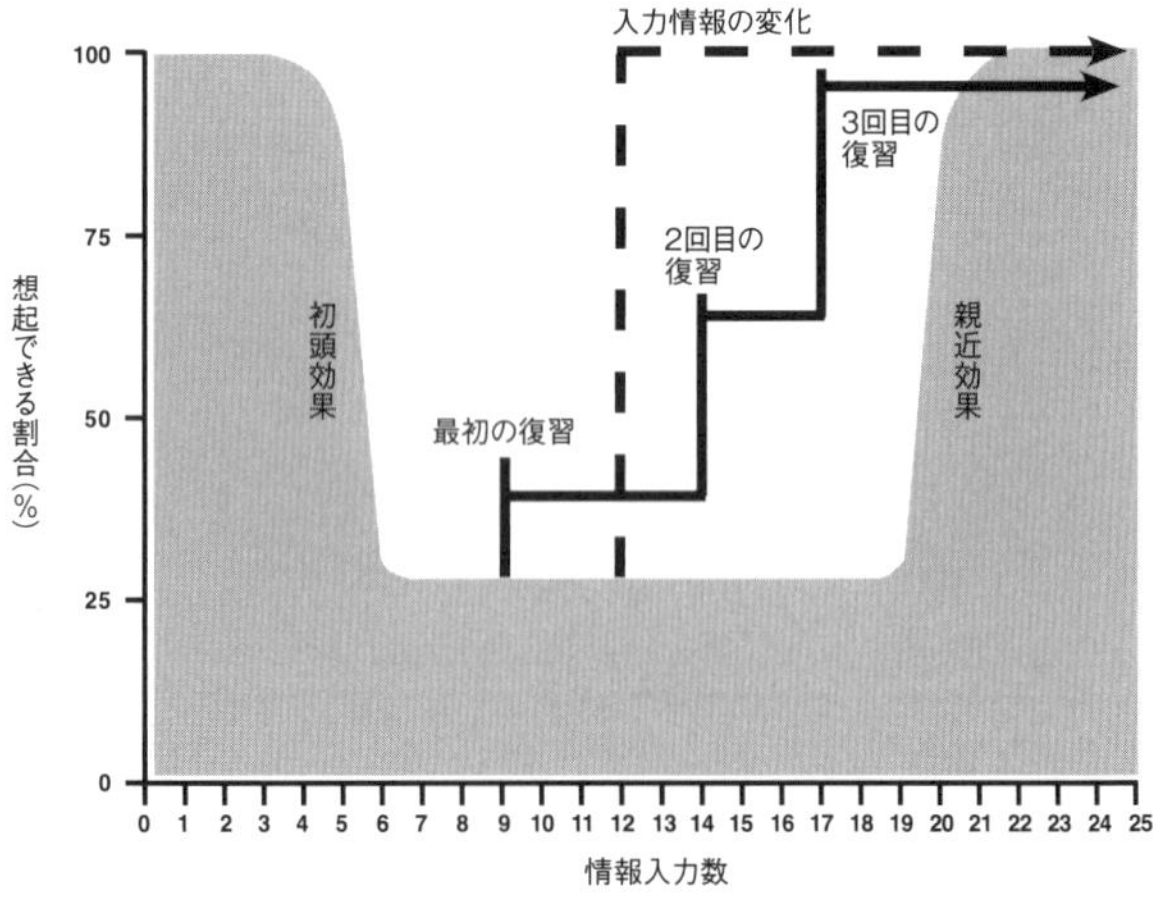

このグラフは、情報を与えられたときの集中力の高さを示したものである。スタート直後に得た情報、終了直前に得た情報は保持しやすく（前者は初頭効果、後者は親近効果による）、その中間は脳が今までに得た情報の処理に忙しくなり、集中力が落ちる。与えられた情報は繰り返し復習するほど記憶に残る。また、系統の異なるデータを加えるなどして情報に変化をつけると、脳が覚醒し、記憶しやすい状態になる。

らず、情報を読み、ノートに書き、記憶した後、それを定着させるには効果的な復習が必要だ。1885年、ドイツの心理学者ヘルマン・エビングハウスにより、「忘却曲線」の概念が提示された。忘却曲線とは、新しいことを学んだ後、時間の経過とともに忘れる割合を図にしたものである。これによると、最も急速に記憶が失われるのは記憶から2時間後である。つまり、記憶が定着するまで長期にわたり、定期的に復習して再生させないと、後で重要な情報をまた一から憶えなくてはならなくなるのだ。記憶しながら復習を繰り返していれば、学んだことはすべて記憶の奥深くに定着し、長時間経過した後でも想起しやすくなる。

分散学習の効果

本を読んで情報を得る場合には、憶えているか不安になったら前のページをめくって確認することができる。しかし、会議や講演、あるいは研修などで耳から得た情報を復習するにはどうしたらいいだろうか。エビングハウスは、話を聞きながらメモを取り、話が終わった直後にメモを復習すれば、聞いた情報の80%以上を保持することができるということを発見した。話の長さにかかわらず、終わったらすぐに復習を行うことが大切なのだ。

彼によれば、最初の復習の翌日に2回目の復習、1週間後に3回目、1カ月後に4回目、特に難しい内容の場合には3~6カ月後に5回目（最後）の復習を行うのが最適だとのことである。彼はこれを「分散学習の効果」と呼び、適切な間隔で何回か繰り返して憶えるほうが、1度にまとめて詰め込むよりも明らかに効果的であると述べている。

下記の図は分散学習の効果をグラフで示したものである。学んだことを間隔を空けて復習すると（その際、次の復習までの間隔をだんだんと延ばしていく）、想起できる割合は80％と高いまま維持できる。つまり、情報がすでに長期記憶に埋め込まれた状態になっているので、その情報を呼び出す必要が生じたときに再び学び直す必要がない。

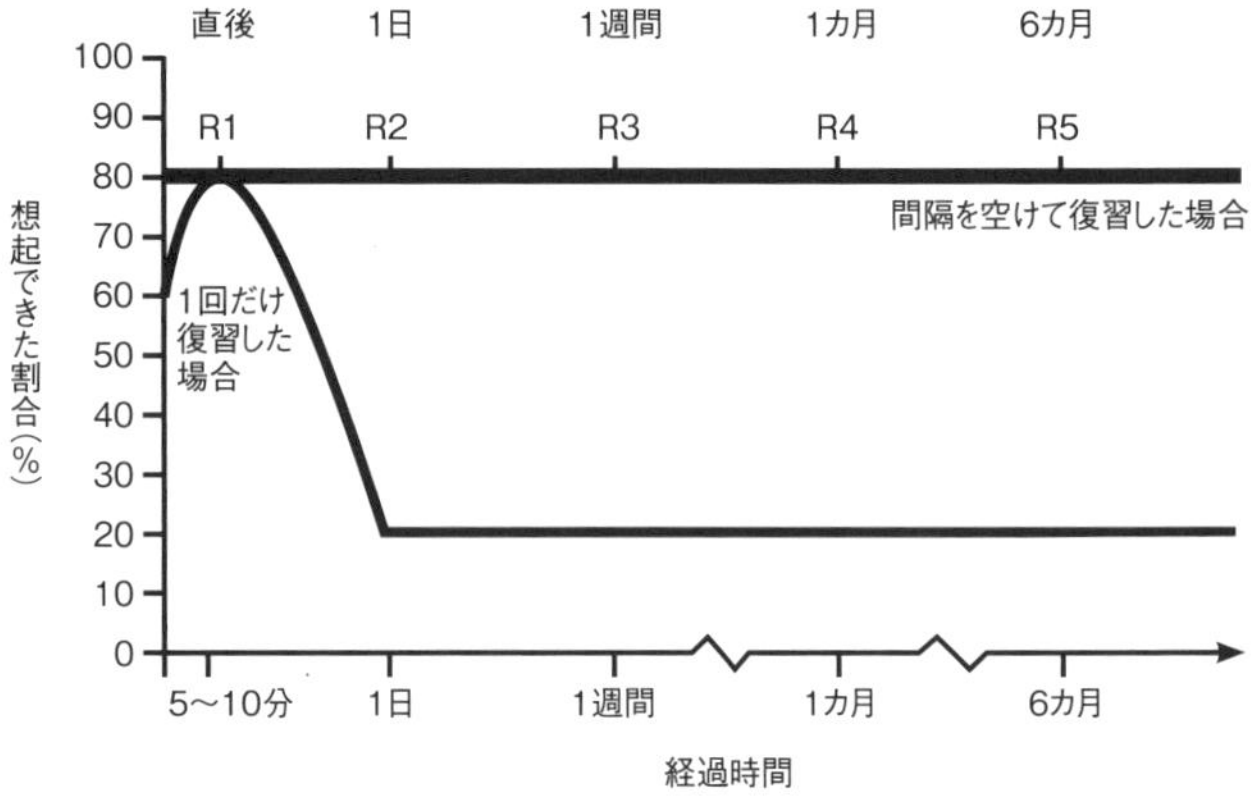

このグラフは、「間隔を空けて復習した場合」と「1回だけ復習した場合」の想起率を示したものである。「1回だけ復習した場合」では、学習した直後に復習を行うと、想起率は60％から80％へと上昇する。しかし、それ以降復習しないと24時間以内に20％まで低下し、その後も上昇することはない。この場合、試験などで情報を呼び出す必要が生じたら、もう一度勉強し直す必要がある。しかし、「間隔を空けて復習した場合」（直後の復習、1日後、1週間後、1カ月後、6カ月後の復習）の場合は、80％の想起率を維持できる。これがエビングハウスの「分散学習の効果」である。

コラム　学生時代の思い出

学校に通っていた頃、試験が近づくと何週間か前から詰め込み勉強に勤《いそ》しんだ。何カ月か前に習ったはずなのにすっかり忘れてしまったことをもう一度憶え、直前にはさらに新しい情報を丸暗記で憶えようとしていた。周りの生徒たちもだいたい似たようなものだった。特にスペイン語の単語の暗記は苦痛でしかなく、「口頭試験と単語テストに合格するまで、どうか忘れませんように」と祈りながら行ったものだ。復習は継続的に行うことが重要だとわかったのは、少し前のことである（当然、成績をアップさせるには遅すぎた）。学んだことを身につけるには、忘れる間際になってもがくのではなく、復習を何度も行い、仕上げていくプロセスが必要だ。このことをわかってもらいたくて、復習の戦略についてページを割いて説明した。記憶力を伸ばしたいなら、効果的な復習方法をトレーニングに取り入れることをお勧めしたい。

第27章

記憶ツールを使う――日々の生活の中で記憶力を鍛える

1組のトランプを憶える、あるいはドミニク・システムの100の人物と小道具・特徴・行動を憶えるには、そのための練習の時間を確保しなくてはならない。でも、そういったテクニックを身につけさえすれば、日常生活のさまざまな場面が記憶力を鍛える場になる（と同時に、記憶力を日々の生活に役立てることもできる）。もうあなたはそれができる段階に到達している。これまで学んできたことを活用して、記憶力をさらに磨き、日々の作業の効率を上げていこう。

例えば買い物に行くとき、買いたい物を書き出すのはやめて、頭の中にインプットしてみよう。これにはジャーニー法を使うといい。買い物リストと混同しないような旅を選ぼう。例えば、家の中を回る旅は避けたほうがいい。買いたいと思っているのは家で使う物が多いだろうから、旅の背景のイメージと買いたい物のイメージが喧嘩してしまうおそれがある。

気に入った散歩コースや、（私のようにゴルフ好きな人なら）ゴルフコースがいいだろう。

旅を選んだらリストのアイテムを旅のコースに置いていく。旅の第1ポイントが公道へと続く階段で、リストの最初のアイテムが枝付きトマトだったら、階段がトマトの枝に覆われていて、真っ赤に熟れたトマトがぶら下がっている様子をイメージする。階段を上るためにトマトを脇へどけようと腰をかがめれば、トマトの匂いも感じられる。次のポイントは橋で、憶えたいのは「アボカド」だとすれば、橋中にアボカドのぬるぬるした緑色の果肉が塗られていて、足を取られそうな様子をイメージする。

買い物をするときには、頭の中で旅のコースをたどりながらイメージを思い出せば、買いたい物が浮かんでくる。

実際に旅をよくする方ならおわかりだろうが、車を走らせ空港に着いたら、フライトに遅れないよう、なるべく早く自分が乗る飛行機のターミナルに向かうバス乗り場を見つけたい。そのときにペンを探して車を停めた場所を書き留めるのは、実にもどかしい。だが、ごくシンプルなニーモニックがあればペンなど不要だ。例えば、私が先日空港に行ったときには、CエリアのＮ8列に車を停めた。ＣはＮＡＴＯ式のフォネスティックコード〔訳注：通信時などに文字を正確に伝えるために制定された頭文字の規則。ＡはAlpha、ＢはBravo、ＣはCharie、ＤはDeltaなど〕ではチャーリー（Charie）であることから、友人のチャーリーのイメージに変換し、8は数字形システムを使って雪だるまのイメージに変換した。そしてバスに乗りながら、チャーリーがバス停で雪だるまを作っている様子をイメージした。これから常夏の地で休暇を過ごそうとしているときだったので、雪だるまのイメージというのは違和感があったが、だからこそ記憶に強く残った。

チェックインすると、搭乗ゲートは34番だと聞かされた。そこで、ガイというCDショップで働く友人がゲートへ走っていく様子をイメージした。これはドミニク・システムに基づいた発想だ。ドミニク・システムでは3と4はそれぞれアルファベットの3番目と4番目の文字、つまりCとDで表される。ガイはCDショップに勤めているので、私は長年、34を憶えるときには彼のイメージを使っている。

このようなシンプルな記憶を何組ものトランプを記憶するのと同じ次元で語ることはできないが、憶えたテクニックを日常で使うことは、記憶術を習得し、脳を鍛えることにつながっていく。

頭の中でスケジュール帳をつける

もう1つ、憶えたテクニックを日常で使うお勧めの方法に、頭の中でスケジュール帳をつけることがある。私は常々、仕事のスケジュールを頭の中に保存するようにしているので、書き留めることはほとんどない。

スケジュールの日程を憶えるにはドミニク・システムを使う。例えば今月の22日に講演の依頼が入ったとする。ドミニク・システムを使って22をBBに変換する。これは私にとっては赤ん坊（baby）のイメージなので、日付を聞いた瞬間に赤ん坊の姿が頭に浮かぶ。約束の時間が11時だとしたら、テニス・プレイヤーのアンドレ・アガシ（11＝AA）が赤ちゃんを抱いている様子をイメージする。もしこの日にすでに予定が入っていたら、ほかの誰かが赤ん坊を抱いているイメージが頭に残っているはずなので、オーバーブッキングすることはない。

数字を文字に変換するときのコードは人によって違う。私は22から赤ん坊を思い浮かべたが、私の生徒の中には有名人を使っている人もいるし、家族や友人のイニシャルを使っている人もいる。システムを十分に機能させたいなら、自分に合ったコードを設定することが大切だ。

今月の予定を憶えるにはこれで十分だが、もっと先の予定ならば「何月か」という情報を一緒に憶えなければならない。その場合は、私は丘の稜線を思い描き、稜線上の位置をイメージすることで月を憶える。1月は向かって左側の地平線ぎりぎりの位置。そこから6月末まで上っていって、7月から8月末にかけて平らになり、9月から12月まで下り続ける。つまり、丘は私にとって「時系列」を示すメモリ（シンボル）のようなもので、頭の中に丘の輪郭がはっきりと描かれているので、正確に月がわかるのだ。

しかし、私の生徒やクライアントたちを見ていると、時系列をイメージするときの方法は実にさまざまである。階段や遊園地のメリーゴーランドを使う人もいれば、そのような視覚イメージをまったく使わないという人もいる（その場合は、6月は知人のジューン［ともにJune］、12月はサンタクロースといった具合に、人名や季節に関係したものに関連付けるといい）。

私は曜日も視覚イメージでとらえている。公園の滑り台を使い、日曜日は台の一番上、それから少しずつ滑っていって金曜日に一番下に降り、そして土曜日にははしごを上ってまた日曜日が来るといった具合である。丘と同様に、この滑り台のイメージは、例えば「水曜日は傾斜の真ん中」というように正確に曜日を示すことができる。ただし、このイメージも人によって相性があるので、自分に合ったイメージを見つける必要がある。滑り台がいいか丘がいいいか、それともメリーゴーランドがいいか、いろいろと検討してみよう。ピンとくる視覚イメージが見つからない場合には、次のシステムを試してみよう。

発音による関連付け

例えば、3月28日の水曜日に誕生会に招待されたとしよう。まず、ドミニク・システムを使って28をBHに変換する。これは伝説の歌手バディ・ホリー（Buddy Holly）だ。そこで彼がギターを抱え、自分の曲を歌って行進しながらパーティに向かっている様子をイメージする。行進（march）から3月（March）が、向かっている（forward）様子からは週の4番目（fourth）の曜日である水曜日が想起できる。

それぞれの月のイメージによる関連付け

月そのものをイメージに変換するのもいい方法だ。例えば、自分の娘が12月21日の木曜日に学校でクリスマス劇をやることになったとする。まず、ドミニク・システムを使って２１をＢＡに変換し、俳優のベン・アフレック（Ben Affleck）がサンタクロースの衣装を着て学校にやってくる様子をイメージする。この場合、丘の勾配の視覚イメージを使わなくても、サンタのイメージが12月という情報を与えてくれる。木曜日ということを憶えるには、サンタが稲光に打たれている様子を想像する（私の木曜日のイメージは北欧の神話に登場する雷の神トール［Thor］）。英語のThursdayはこの神の名に由来している）。

さらに、劇が始まる時間を憶えるには、24時制で表した時刻にドミニク・システムを適用する。午後3時30分にスタートするとすれば、これを24時制の１５３０に変換して2桁ずつペアにする。１５はＡＥ、３０はＣＯとなるので、娘の学校の舞台でアルバート・アインシュタイン（ＡＥ）がトークショーの司会をしている（コナン・オブライエン［Conan O'Brien］の行動）様子を思い描く。

人の話を記憶する

私は子供のとき、失読症と診断されたが、正確には「注意欠陥障害（ADD：Attention Deficit Disorder）」に近い状態だったと思う。教師の口が動いているのを見て、何かしゃべっているのはわかるのだが、心は教室から遠く離れた想像上の世界をさまよっていた。そんな状態だったから授業に集中することができなかった。私のような子供時代を過ごしたという方はいないかもしれないが、会議や講演、あるいは退屈な劇やコンサートなどでも決して集中力が途切れることはないという人は稀だろう。

実を言うと、集中できないのは授業中だけではなく、友だちや家族と話しているときもそうだった。10代半ばになるまで、「ぼんやりドミニク」と呼ばれていた。うまく説明できないのだが、ともかく自分の意思でそうしていたわけではない。知らず知らずのうちに、気がつけば相手の話についていけなくなっていた。集中しようとしても心がさまよい始めてしまうのだ。

人の話を漏らさず聞くというのは、どんな場面でも役に立つスキルである。例えば、政治家や弁護士なら仕事上での強みになるし、そもそもマナーとして是非とも身につけておきたいものだ。また、日常生活の中で記憶力を伸ばす素晴らしい練習にもなる。

ＡＤＤの患者は、そうでない人と比べて脳の前頭葉の電気的活動が低下しており、脳皮質の血流速度が遅いことが長年の研究により示されている。そして、これが集中力を妨げる原因と考えられている。現在はＡＤＤの小児の症状をコントロールするために、刺激薬を処方する方法がとられている。不安定な行動を引き起こさない程度に脳の活動スピードを上げて、注意力と集中力を促すことを目的とした処方である。

刺激薬でＡＤＤを治すことはできないが、症状を軽減することはできるようだ。しかし、私が子供だった頃はそのような薬はなかった。私がこの障害を克服できたのは、まぎれもなく記憶力トレーニングのおかげだと思う。今では私は、たとえどんな退屈な会話や会議だったとしても、集中して聞き、内容を記憶に留めることができる。確かに――誰もがそうだと思うが――集中力が途切れることはある。でも、前と違うのは自分に選択権があること。つまり、集中していないとしたら私がそう望んだからであって、集中したくてもできないわけではないのだ。

私がこの域まで到達した背景には2つの事実がある。1つは、記憶力のトレーニングによって集中力が増したこと。そしてもう1つは、記憶テクニックを使って与えられた情報の細部にまで集中し続けられるようになったことだ。どのようにしたらこうしたことが可能になるのか説明しよう。

人の話を記憶するには、話を聞きながら要点をイメージに変換し、それを正しい順に脳に格納していく。ジャーニー法を使おうとする人が多いと思うが、私は、短い会話ならば数字形システムをお勧めする（この使い方については後で説明しよう）。ジャーニー法は、会議や長い会話のときに向いている。また、会話に数字や細かな情報が出てくるときには、ドミニク・システムなど本書で紹介した記憶テクニックのいずれかを用いて情報を記憶していけばいい。

数字形システムを使って人の話を憶える例を具体的に見ていこう。例えば、秘書がクライアントとのミーティングの件で私に電話をかけてきたとする。彼女の言うことを憶えるには、頭の中で情報のまとまりごとに番号をふっていく。その番号が数字形システムの数字となり、情報の順番と、その情報の内容を思い出すためのヒントを与えてくれる。数字形システムの「形」を、情報を引っかけるフックとして使うのである。例えば次のようになる。

「今夜のホテルは、ベリー・ストリート（Bury Street）のビクトリア・ホテルになります」

1：ビクトリア女王がろうそくを手に墓穴の横に立っている。私の数字形システムでは1はろうそく。墓穴からは通りの名前（buryは「埋葬」の意味）を思い出すことができる。

「ホテルに着いたら、受付でテイラー氏（クライアント）を呼び出してもらってください。昼食をとりながら、契約の内容について打ち合わせをしたいとのことです」

2：白鳥（数字形システムの2）が首に巻尺を巻いている様子を想像する。テイラー

(Taylor)という名前には巻尺(仕立て屋[tailor]の道具)を関連付けることにしている。

「ご参考までに、テイラー氏の趣味はクレー射撃です。昼食の場所は、氏の行きつけの『ココナツ・グローブ』というレストランです」

3:手錠(数字形システムの3)につながれたクライアントをイメージする。空から散弾銃でココナツを撃つ自分を思い浮かべる。

「テイラー氏と金額の合意ができましたら、私までテキストメッセージでお知らせください。番号は3512です」

4:自分がボート(数字形システムの4)に乗っている様子をイメージする。隣ではクリント・イーストウッド(35=CE)が剣を振りかざしている(『マスク・オブ・ゾロ』の主役、アントニオ・バンデラス[12=AE]の行動)。

私はほとんど瞬時にこの4つのイメージを浮かべることができるが、そうなるには練習をするしかない。次に誰かと話をするときには、話の要点を憶えることに挑戦してみよう。そうしているうちに、相手の話を漏らさず思い出すことができるようになる。人との会話は、貴重な記憶力トレーニングの機会でもあるのだ。

演習⑭ 頭の中でスケジュール帳をつける

想像力を働かせて下記の予定を記憶してみよう（通常、実施する順番に予定が入るとは限らないので、この演習では用事の時系列をばらばらにしてある）。まずは日付と用事だけを憶える。そして日付だけを見て、用事が思い出せるかテストしてみよう。それができるようになったら、今度は曜日と時間も憶えよう。憶えたら、日付だけを見て用事と曜日、時間を答える。用事、曜日、時間をそれぞれ1点として採点する（1日につき3点満点）。7〜10点なら合格、11〜15点なら優秀だ。

日付	用事	曜日	時間
10月16日	ダリ展	水曜	午後7時
5月31日	銀行の支店長	金曜	午後3時
8月8日	劇場	土曜	午後7時30分
4月22日	歯科医	水曜	午後4時15分
3月13日	眼科医	月曜	午前9時20分

仕上げに、前ページの予定リストを見ないで次の質問に答えよう。

- 5月31日は誰に会う予定か？　時間は何時か？
- ダリ展に行く日時と曜日は？
- 8月8日の用事は？
- 歯科医に行く日時と曜日は？
- 視力検査の日時と曜日は？

第28章 記憶ツールを使う——楽しみのために

これまで記憶力を鍛えることで自信がつくとか創造力が伸びる、あるいは日々の生活で役に立つといった自己啓発的な視点から話を進めてきたが、記憶力には生活に楽しみをもたらす側面もある。例えば、パーティで記憶力を使った手品を披露すれば、友人たちを驚かせることができるだけでなく、それ自体が記憶力トレーニングの場になる。私はよく会合やパーティでゲストを驚かせるような技を見せてくれと頼まれるが、ここではそういったときに私がよく使う手品をいくつかを紹介しよう。

選ばれたカードを答える

まずはどんなパーティにも使えるような、トランプを使ったオーソドックスな手品を紹介しよう。あらかじめジャーニー法を使って1組のカードの順番を憶えておく。決してシャッフルされないように注意しよう（誰かがカードをシャッフルしようと言い出すことのないように、うまい言い訳を用意しておこう）。ポケットからトランプを取り出し、裏向きにして扇形に広げる。そして誰かに好きなカードを自分に見えないように引いてもらう。カードをまとめるときに、引かれたカードの上のカードをさりげなく見ておく。例えばそれがクラブのクイーンだったとしたら、旅のコースをたどってそのカードを見つける。その次のポイントにあるカードを言えば、引き抜かれたカードを言い当てられるというわけだ。

これができるようになったら、次のバージョンに挑戦してみよう。誰かにカードをカット（山を2つに分け、下半分を上に重ねること）してもらう（この場合も決してシャッフルさせないこと）。一番下のカードをさりげなく見て旅のコースをたどれば、一番上に来たカードが何だかわかる。「わかりました。一番上のカードは○○です」などと言って、誰かにめくってもらえば、観客がハッと息を飲むはずだ。その次、またその次と順番に読み上げることもできる。このときは、一番上に来たカードのポイントから旅を始めればいい。

もう1つ、カードを使った手品に「行方不明のカード」がある。この場合も、1組のカードの順番をあらかじめ憶えておく。トランプの山に背を向けて立ち、観客の1人に束から1枚のカードを抜いてポケットに隠してもらう。その後カードのほうを向き、その人にカードを1枚1枚めくって積み重ねていってもらう。このとき、頭の中で旅のコースをたどっていく。行方不明のカードが何かは、そのカードが出てくるはずのポイントで別のカードが出てくるのでわかる。演出効果を上げるためには、カードがすべてめくられてから答えを言うといいだろう。

本の内容が頭の中に

ちょっと変わったところでこんな手品もある。本の内容をまるごと憶える——少なくとも憶えているように見せる——のだ。これができたら、観客はびっくりするに違いない。

まず、パーティの主催者から100ページ程度の本を受け取る。5、6分かけて最後までページをめくり、その本を観客の誰かに預ける。そして、「私はこの本を読み終えました。内容はすべて頭に入っています」と言う。本を渡した観客に、1時間くらいたったら本を持って戻ってきてくれるように頼む。その人が戻ってきたら、好きなページを選んで最初の数行を読んでもらい、そのページ数を答える。

この手品では、本を受け取ってページをめくるとき、各ページの1行目に書かれている1語だけを憶える。一番強くて個性的なイメージが作れそうな言葉を選ぶといい。そしてジャーニー法を使って（必要に応じて旅をつなげ、本のページ数と同じ数だけポイントを用意する）、選んだ言葉のイメージをポイントに順に配置していく。1ページ目のイメージを最初のポイントに、２ページ目のイメージを2番目のポイントに、と順に置いていけば、イメージの置かれているポイントの番号からページ数がわかる。これをしっかりと頭に刻み込むために、観客に本を預けている1時間のうちに抽出した言葉とそのイメージを頭の中で復習し、自信をもって答えられるようにする。

もちろん、これをうまくやるには、旅を前方へ、後方へと自由にたどることができ、ポイントの番号を確実に憶えていなくてはならない。しかも、ポイント数50の旅を2つつなげて１００のポイントを用意する場合には、２つ目の旅のポイント番号に50を加える必要がある。しかし、目印となるポイントを準備しておけば、各ポイントの番号をきっちりと憶えておく必要はない。私の場合、この手品で使う旅のコースについては、１番目、５番目、11番目、13番目、15番目、21番目、26番目のポイントをすぐに思い出せるようにしている。１、５、15というのは目印としてごく自然な番号であり、11は私にとっては印象的な数（1が２つ並んでいるので柵を連想する）、13は「不幸を呼ぶ数」、21はビンゴゲームでの「key to the door（ドアへの鍵）」、そして26は旅の折り返し点である。この目印を起点にして、求めるページ数のイメージを置いてあるポイントへ進んだり戻ったりすればいいわけだ。

例えば、私は本を憶えるのに、子供の頃に住んでいた村を回る旅を使っている。古い自宅からスタートしてヒースの生えた原野を抜け、宿泊所を通ってクリケット場に行き、村の集会所まで歩くコースで、全部で１００のポイントがある。誰かが読んだページの最初の行に

「バイオリン」という言葉があったとする。するとすぐに、頭の中にはクリケット場の少し手前にあるオークの木にもたせかけてあるバイオリンが浮かぶ。クリケット場は21番目のポイントで、オークの木はその2ポイント前だから、19番目のポイントだ。そう考えていけば、この人が選んだのは19ページだとわかる。つまり、旅の最初から順に19のポイントを進んでいく必要はなく、一番近い目印から2つ戻るだけでいいのだ。この方法ならば答えに到達するまでの時間も短縮できるので、観客にもより強いインパクトを与えることができる。

この方法をマスターしたら、旅の各ポイントに2つのイメージを置けば、もっとページ数の多い本も憶えることができる。ただし、2つのイメージを正しい順番で置くこと。あるページのキーワードが「スープ」で、次のページが「カエル」だったら、「スープがカエルの上にかかっている」イメージにする。逆に「カエル」の次が「スープ」なら、「カエルがスープに飛び込む」イメージにする。つまり2ページのうち、最初のページのキーワードが主語になるようにして1つのポイントに置くのだ。難しく感じるかもしれないが、私は旅のコースを十分に練り、少々練習しただけで、このやり方を習得することができた。

さらに訓練すれば、観客にページ数を言ってもらって、そのページの内容を当てるということも可能になる（このほうが観客の驚きは大きい）。この場合は、字面《じづら》を読むだけでなく、内容を把握しなくてはならないので、憶えるのにもう少し時間がかかる。具体的には、ページの内容をざっとつかんだら、それをコンパクトな「シーン」にして旅のポイントに置いていく。ページ数を言われたら、該当するポイントに置いてあるシーンを再現し、あらすじを話せばいい。

この手品が淀みなくできるようになるまでには練習が必要だが、間違いなく観客に大きなインパクトを与えられる。まずは30ページくらいから始めて、自信とスキルを身につけながらステップアップしていこう。

第29章　年齢を重ねることは経験が増えていくこと

1991年、私は34歳のときに初めて世界記憶力選手権に出場した。それから20年たった今、私の記憶力は当時よりもいい状態にある。54歳になり、同年代の仲間の多くは記憶力が衰え始めたと嘆いているが、私に関してはそんなことはまったくない。講演や指導、実演、競技などを通して常に記憶テクニックを駆使しているため、私の想起力と集中力は最高の状態に保たれている。いや、まだまだ伸びていると言ってもいい。

年を取ると認知能力も衰えてしまうのだろうかと心配している方がいるかもしれないが、私が知る限りでは、そんなことは断じてない。私は、記憶の衰えは意欲の衰え（おそらくは倦怠感や抑うつ感によるもの）や悩み、あるいは健康状態の低下によるものであって、脳のハードウェアに起因するものではないと思っている。

こんな調査結果がある。1986年に疫学博士デヴィッド・スノウドンが脳の健康状態に対する加齢の影響を調べるために、ミネソタで678人の高齢の修道女の追跡調査を開始した。被験者の年齢は75歳から104歳。皆、修道院という同じ環境で生活しているので、調査対象としては理想的である。

調査の結果から、案の定、食生活が加齢や長寿に大きく関係していることがわかった〔訳注①〕。さらに、前向きな人生観をもっている被験者のほうが、加齢に伴う脳の機能障害のリスクが低いことも認められた。しかし、彼の調査で最も印象的なのは、知的探求心とアルツハイマーの発症率との間に相関関係が認められたことだろう。特に、若い頃から高い言語能力を有し、口頭でも文字でも自己を表現する能力に長けていた被験者のほうが、寿命が長く、認知症にかかりにくい傾向にあった〔訳注②〕。積極的に本を読むこと、コミュニティと関わること、脳と肉体を日々使うことが健康的な加齢に大きく関係することが示唆されたのだ。

身体の健康のためには正しい生活習慣を築くことが必要である。脳も同じだ。適度な運動、適切な栄養素の摂取、知的刺激を受ける時間やリラックスする時間を取ること――このどれが欠けても脳を万全の状態に保つことはできない。

訳注①：スノウドンはこの研究について記した著書『100歳の美しい脳』（藤井智美訳、DHC）の中で、リコピンと葉酸が健康に関係している可能性があると述べており、野菜をたっぷり摂取することを提唱している。一方で、食生活と健康の関係について結論づけるのは簡単ではないことについても言及している。修道院では基本的に同じ食事が提供されているが、この研究では各被験者が具体的に何をどれだけ食べたかを把握するために、食事の模様をビデオカメラで記録した。それでも代謝は人によって異なるので、取り込んだ栄養素がどう機能するかを見極めるのは難しい。加齢と食べ物の関係については、さまざまな研究者による調査が現在も続けられている。

訳注②：修道女たちは20歳前後で「自伝」を書くことを義務づけられている。スノウドンはその文章を独自の指標で分析して修道女たちの若い頃の言語能力のレベルを測り、それとアルツハイマー発症の関連を探っていった。

脳には酸素が必要

脳は酸素がないと働くことができない。脳に十分な酸素を供給するためには血液循環を良くする必要がある。そのための方法としては、運動に及ぶものはない。運動によって脳の機能が高まることを示した研究は多数ある。私の個人的な経験から言っても、身体のコンディションが万全であれば、世界記憶力選手権で3日間にわたる過酷な戦いを続けるだけの集中力とエネルギーを保つことができる。

本書で紹介した記憶テクニックに加えて身体のトレーニングを実践すれば、記憶力を伸ばすだけでなく、記憶するスピードを加速させることができる。言ってみれば記憶テクニックは脳のソフトウェアであり、これをきちんと機能させるには、ハードウェアである身体の環境を整えることが大切なのだ。

私の場合は、身体のトレーニングといっても、ウェイトトレーニングをするわけではない。週に1度ゴルフコースを回り、毎日犬を散歩させる程度である。ただし、記憶力選手権に向けた準備期間にはジョギングをする（本章の最後のコラムにトレーニングの内容を掲載した）。ジョギングには、呼吸を整えて脳と筋肉に豊富な酸素を供給するほか、快楽を与えるホルモン（エンドルフィン）を分泌させて、心身をリラックスさせるとともに前向きな気持ちにさせる効果がある。

また、ジョギングやサイクリング、水泳などの有酸素運動を長期にわたって続ければ、脳細胞に栄養が供給されやすくなることを示した研究もある。さらに、2010年にケンブリッジ大学で実施されたマウスを使った試験では、走ることによって脳細胞の新生が促進され、特に海馬の領域（記憶と学習に関与する部分）の成長につながることが示唆された。

ドイツ記憶力選手権で8回にわたって優勝し、世界記憶力選手権でも優勝しているグンター・カールステンは、脳のトレーニングの一環として、きわめて本格的な身体トレーニングを行っている。彼は「トレーニング時間の70％を記憶力の鍛錬に、30％を身体の鍛錬にあてている」と述べている。サイクリング、テニス、サッカー、腹筋、懸垂、ウェイトリフティング、ランニングを行うことで、身体だけでなく脳のコンディションづくりに努めているのである。

もちろん読者の皆さんはそこまでやる必要はないが、記憶力を最高の状態に保つためには、自分に合った運動を見つけてそれを日々の習慣にするといい。まずは、いくらか息が弾む程度に心拍数が上がる運動を週に2、3回、各20～30分行うことから始めるといい。以後、徐々に運動量を増やしていけば、脳だけでなく全身に良い影響が出るだろう。

脳にはリラックスが必要

ストレスを感じていると、脳の働きはどうなるだろう。おそらくは誰しもが普通の状態ではなくなって、まともに物事を考えられなくなる。そんな状態で記憶力選手権に出るとしたら……。それはなんとしても避けなくてはならない。

ストレスが脳の機能（特に記憶力）に与える影響については、さまざまな研究結果が発表されている。その1つがストレスホルモンの影響だ。この種のホルモン、特にコルチゾール（ハイドロコルチゾン）は脳細胞の新生を阻害する。脳の中で新しい細胞が誕生するのはわずかな部位に限られるが、海馬はその1つである。前述のように海馬は記憶に関与する。つまり、ストレスは記憶と想起の能力に大きな影響を及ぼすわけだ。

ストレスの影響を軽減するにはいくつか方法がある。私が個人的に一番重視しているのが、先に述べた定期的な運動である。身体を動かすことでストレスホルモンが分泌されにくくなり、快楽を与えるエンドルフィンが放出されるので、気分が前向きになり、明晰な思考力と自信を保つことができる。私は経験から、自信が成功に大きな役割を果たすことを学んだ。現在の記憶力選手権のようにハイレベルな戦いにおいては、どれくらい自信をもって挑めるかが1位と2位の分かれ目になることが多いのだ。

また、いささかおかしな話に聞こえるかもしれないが、私は「ジャーニー法を使った記憶」をリラックスするための手段として用いることもある。脳を存分に働かせ、ストレスの源となる心の雑音を排除していくことで、落ち着きを取り戻すことができるのだ。ジャーニー法を使ってトランプのカードを1、2回憶えると、頭がすっきりする。

最後の1つが、ピアノを弾くことだ。これも私の大好きなリラックス法である。

脳には良質の食べ物が必要

ニューロンは発火することで他のニューロンに信号を送るが、そのために必要な栄養素は私たちが食べたものから供給される。脳に大切な栄養素には、体内で合成できない必須脂肪酸であるオメガ3脂肪酸やオメガ6脂肪酸と、神経伝達物質アセチルコリンの生成を促すビタミンB、コリン、ビタミンCがある。研究によりアルツハイマー病の患者にはアセチルコリン生産システムの損傷が認められることが多いことがわかっており、アセチルコリンと記憶力との間に強い関係があることが示唆されている。

オメガ6脂肪酸は鶏肉、卵、アボカド、カボチャの種子、コーン・紅花・ヒマワリ油に、オメガ3脂肪酸はサケ、マグロ、サバなどの脂の多い魚や亜麻仁・シソ・エゴマ油に豊富に含まれている。私は週に2、3回、上記の魚を食べるようにしている（昼食にサラダを添えて食べることが多い）。

また、軽食にはチョコレートやポテトチップスではなく（双方とも、飽和脂肪酸――分子構造上融点が低いため体内に蓄積しやすく、モチベーションと思考力の低下につながると言われている――が多く含まれている）、ナッツや種子を食べる。コリンは脂の多い魚や卵のほか、アーモンドや豆類に豊富に含まれているからだ。

ビタミンB（特にB_1、B_5、B_{12}）は、記憶力をはじめとする脳の機能全般を向上させると言われている。この栄養素が不足すると気分の落ち込みや不安感、抑うつ感を引き起こす。いろいろな種類の果物や野菜、あるいはマグロや鶏肉、ナッツや豆類（ヒヨコマメなど）を豊富にとっていれば身体に必要なビタミンBが摂取できるが、私はこのほかにも、複合ビタミンのサプリメントを飲んでいる。サプリメントを摂取する場合はできるだけ質のよい製品を選び、添付の指示に従って用量を守ることが大切だ。

果物と野菜は、健康的な食生活という点でも重要な役割を果たす。食物は代謝されてエネルギーになる過程で酸化するが、このときに副産物としてフリーラジカル（遊離基）という有害物質が生成される。フリーラジカルは細胞を破壊し、老化や癌をはじめとする重度の疾患を引き起こしたり、脳細胞を死滅させる原因となる。

しかし、これを解決する方法が身近にある。抗酸化物質、特にビタミンA、C、E（ハートのACE《エース》と憶えよう）や亜鉛、セレンといったミネラルをとることで、フリーラジカルが中和されるのだ。ブラックベリー、ブルーベリー、ブロッコリー、プラム、プルーン、レーズン、ラズベリー、ホウレンソウ、イチゴなどには抗酸化物質が豊富に含まれている。いずれも私の好物である。

脳には節制が必要

誰だって楽しみを奪われるのは嫌だろうが、脳を最高の状態に保つには節制が必要である。例えばアルコールは脳にとっての大敵である。過度の飲酒が習慣になっていると、海馬の働きが抑制されてしまう。つまり、アルコールの摂取は記憶力の衰退にダイレクトに影響するのである。私は、選手権に向けたトレーニングをしていないときには白ワインを適度に楽しむが、トレーニングを始めたら——だいたい2カ月前——禁酒生活に入る。

脳には刺激が必要

年齢を問わず、脳を最高の状態で機能させるには刺激が必要だ。私が幼い頃、私の両親は好奇心を育み、何かしらの発見ができるようなおもちゃをいろいろと与えてくれた。単なる楽しみに終わらずに、脳の働きを活発にさせるようなものを入念に選んでいた。メカノ［訳注：多彩なパーツをさまざまな形に組み立てて遊ぶ玩具］、LEGO、種々のパズルや色とりどりのペン、粘土、化学実験セット、そしてもちろんトランプなどは、いくらでも刺激的な遊びが楽しめる。

6歳のときだった。店のウィンドウに、光沢があって派手な色彩のゼンマイ仕掛けのおもちゃが飾ってあるのを見て、母にねだったことがあった。母は買ってくれなかったが、その理由をきちんと説明してくれた。このおもちゃはゼンマイを巻いたら走って、止まって、それで終わり。だからすぐに退屈してしまうだろうと母は言った。そのとおりだということが幼い私にもわかった。頭を使うおもちゃのほうがずっと楽しいに決まっている。

大人になった今、私には脳に刺激を与え続けることのできる素晴らしい仕事がある。記憶力への挑戦だ。これからもトップに立ち続けるべく努力を重ねていく。脳のために私が実践している記憶テクニックやトレーニングは、ゼンマイ仕掛けのおもちゃと違って決して止まることはない。

また数々の「脳トレ」ソフトが発売されているが、この種のコンピュータゲームによって脳力の向上が実証されたデータはない。どうやらこの種のゲームで得られるのは、そのゲームをこなす能力に限られると思われる。脳を徹底的に鍛えるには1組のトランプがあれば十分だ。本書で述べたテクニックを使ってトランプの記憶の仕方を身につける。そして練習を続ける――こうして練習を繰り返すごとに神経経路が強化され、記憶力だけでなく脳全体の機能が向上していく。

私は不調を感じたり、頭がすっきりしないと感じたりするときには、トランプの記憶をやってみる。そして記憶と想起にかかったタイムを測る。それにより、自分の脳の働き具合がわかるからだ。時間がかかったり、ミスをしていたら、脳の回転が足りないということだ。その場合はまたトレーニングに戻って、脳の機能が低下しないようにメンテナンスすることにしている。

脳には質の良い睡眠が必要

記憶力を最大限に発揮するためには睡眠が不可欠である。２０１０年に『ネイチャー』誌に発表された論文によれば、脳は睡眠中に、その日に学習したことを定着させているという。また、シカゴ大学で行われた研究では、睡眠中に、学習したことと記憶とを結ぶ神経回路が形成されたり強化されたりすることが示されている。この結果から、脳は睡眠によって、昼間には行方不明になっていた思考や記憶、学んだことなどを拾い上げていることが示唆される。実際にあなたも、昼間には思い出そうとしてもどうしても思い出せなかったことが、夜にパッと浮かんできたことがないだろうか。脳は一番リラックスしているときに神経経路を開き、忘れていたと思っていた記憶を意識下によみがえらせているのである。

コラム 私の1週間のスケジュール

本章の冒頭で述べたように、私の記憶力は未だに向上し続けていると思っている。それは日々、脳のトレーニングをしているからだ。脳だけでなく、身体にも気を遣っている。以下は、記憶力選手権に向けて私が行う、平均的な1週間分のトレーニングの概要である。

〈日曜〉
午前：脳波測定装置で周波数と、右脳と左脳のバランスをチェックする。ランニング3・2キロ
午後：400桁の数字を5分で記憶する練習（2回）

〈月曜〉
午前：AVSのセッションを20分間行い、脳の電気活動のバランスをチェックする。脳波

測定装置で再チェックを行う
午後：シャッフルした10組のトランプをできるだけ速く憶える練習

〈火曜〉
午前：ランニング3・2キロ
午後：15分間でランダムに並んだ単語をできるだけたくさん憶える練習

〈水曜〉
午前：ゴルフのラウンド。1時間で数字をできるだけたくさん憶える練習（目標は2400桁）
午後：新しいジャーニー法に使えそうなコースを探しながら散策する。その際、旅のポイントに使えそうな場所はビデオカメラで録画する。こうしておくと必要に応じて後で見返すことができる

〈木曜〉
午前：ランニング3・2キロ
午後：インターネットか雑誌や新聞の顔写真を使って、名前と顔の記憶の練習

〈金曜〉
午前：2進数を記憶する練習（30分）、10組のトランプをできるだけ速く憶える練習
午後：トレーニングの反省。今週行った練習のタイムを振り返り、今後のトレーニングで強化すべき点を検討する

〈土曜〉
午前：ランニング3・2キロ
午後：抽象的な図形を憶える練習（15分）、架空の出来事と日付を憶える練習（5分）

個々の記憶力トレーニングに加えて、毎朝、ミューズリー［訳注：シリアルにナッツやドライフルーツなどを加えたもの］かポリッジ（粥《かゆ》）を食べる。昼食と夕食は、身体にいいものを軽めにとるようにする（魚か鶏肉のグリルと温野菜かサラダ、フルーツなど）。飽和脂肪酸を多く含むポテトチップスやケーキなどはできるだけ避けるが、1週間に1回はカレーを食べて自分をねぎらう。酒は控える。

第30章

記憶力トレーニングの副産物

本書で紹介したテクニックや練習法を真剣に実践すれば、完璧な記憶力を手に入れることができる。しかも記憶力トレーニングは、それ以上に価値のあるものも与えてくれる。私はこれを、限界まで記憶力を高めることに挑戦してきた者だけに与えられる副産物だと思っている。何回も世界記憶力選手権で優勝できたことは嬉しい驚きだったが、私の人生が変わったのは、ひとえにこの副産物のおかげだと思う。記憶力を鍛えれば、あなたもこの副産物を手に入れることができる。その3つの副産物をここで紹介したい。

流動性知能が向上する

イギリス生まれの心理学者レイモンド・キャッテル（1905〜98年）は、人間の知能は結晶性知能と流動性知能の2つに分けられることを発見した。結晶性知能とは教育によって得た情報や社会で得た知識のことである。一方、流動性知能はもう少し漠然とした概念で、直感や推論、論理から生まれる知能を指す。流動性知能が高ければ、それまでに得た知識に頼らずにすばやく判断し、論理的に考え、創造的に問題を解決できる。

結晶性知能と流動性知能の違いを考えるには、子供が新しいことを学ぶときのことを思い浮かべてみるといい。例えば、1から10までのフランス語の数え方を習得するときは、結晶性知能は向上するが、流動性知能は学習とは無縁なので向上することはない。

流動性知能はさまざまな認知作業で使われ、仕事や勉強、特に複雑な問題を解決しなければならないときに不可欠な知能であることが研究によってわかっている。この知能は通常、絵画配列［訳注：ストーリーの一場面が描かれたカードを意味が通るように並べ替えるテスト］などの心理テストによって測定される。練習によってこのテストに慣れることはできるが、そういった練習は流動性知能の向上にはつながらない。この種の知能を向上させるのは、記憶力トレーニングの独擅場と言ってもいいだろう。

作業記憶を鍛えるときと流動性知能にアクセスするときは、脳の同じ領域を使っている。つまり、記憶力トレーニングによって流動性知能に大きな影響を与えることができるのだ。記憶力を鍛えれば鍛えるほど、論理的に考えて推論する能力が伸び、正しい直感が働くようになっていく。

人間の作業記憶は加齢とともに衰えるのではないかと思っている人にとっては——前章を読んだ方ならそのような懸念は払拭されていると信じたいが——これは嬉しいニュースだろう。実際に、常日頃から記憶力のトレーニングをしていれば、年を取っても流動性知能は若いままの状態で維持されることがデータによって示されている。

集中力が増す

世界記憶力選手権で私が苦手とする種目の1つがスポークンナンバーズだ。これは1秒に1個の速さで読み上げられる数字を100個憶えるというものだが、数が読み上げられるのは1度だけなので、ほんの一瞬でも集中力が途切れたらおしまいだ。これまでに述べてきたとおり、幼い頃の私はまったく集中力がなくて、せいぜい1、2分しか集中力が続かなかった。しかし、記憶力トレーニング、なかでもこの種目のためのトレーニングによって、何時間も集中し続けることができるようになった。

こうして身につけた集中力は、日常生活でも大いに役に立つ。今では私は、講演でも人との会話でも何でも、長時間にわたって集中力を維持することができる。自分の意思で集中力のスイッチをオフにすることもできる。買い物リストを憶えるとか、車を停めた場所を憶えるといったちょっとしたトレーニングでも、注意力が鍛えられ、自分の意思で集中力のスイッチを入れることができるようになっていく。

ＡＤＤなどの注意力に関する障害がある人でも、私のように本書の記憶テクニックを実践することで、「ゾーン」や「フロー」と呼ばれる極限まで集中した状態に達することができるようになり、集中力を発揮する（そして好きなときに休ませる）ことが可能になる。ただし、もともといつでも集中できる人なら、その天性の能力が多少向上するという程度かもしれない。

一生もののスキルが手に入る

本書を通してあなたが身につけてきた力は、あなたにとって一生ものの力になる。1度でも記憶競技ができるレベルまでトレーニングすれば、そのスキルが失われることはない。当然、その域に達するまでには訓練が必要である。何かを極めたいならば、そのことに対して努力を惜しまず、時間を割いて貪欲に訓練することが必要だ。

記憶力トレーニングが素晴らしいのは、第27章で説明したように、日常生活のさまざま機会を利用して脳のトレーニングができる点である。もちろん、自転車と同じように、しばらく練習しないでいると最初のうちはぐらつくこともある。しかし、基本的な技術を忘れてしまうことはない。

私はここ数年、記憶力競技から遠ざかっているため、記憶するときのスピードが多少落ちたとは感じているが、記憶テクニックを披露することは簡単にできる。少しトレーニングをすれば、競技に復帰すること、そして勝つことは十分に可能だと思っている。

しばらく練習できない時期があったとしても、これまで通ってきた道に草が生えることはない。あなたが身につけてきたことは、ずっとあなたの中に残っている。新しい記憶の技を身につけるごとに、自分の財産が1つ増えるのだ。だから安心して、できる限り機会を見つけて自分のスキルを補強する作業を続けていってほしい。

第31章

あなたの記憶力はどれくらい伸びただろうか？

これまで本書で紹介してきたメソッドを使って、買い物リストやTO－DOリスト、スケジュール、暗証番号を憶えるなど、日常生活の中でもトレーニングを重ねてこられたことと思う。あなたの脳は最高の状態になっているはずだ。

ここでもう一度テストを行い、あなたの記憶力がどれくらい進歩したのかを見てみよう。最初の2つは、第1章で初期値を調べるためにやってもらったテストと同様のものである。これによって、テクニックを身につける前の状態からどれくらい記憶力が向上したかを見る。

私の教え子のデータを紹介しておこう。年齢は10歳から17歳まで。連想結合法を学んだ後、単語の記憶のスコアがすぐに上昇した。数字の記憶のスコアは、数字形システムを学んだ後にはわずかに上昇しただけだったが、ドミニク・システムを学び、ジャーニー法と組み合わせて使えるようになると飛躍的な進歩を見せ、15分で80以上の数字を憶えることができるようになった。彼らの多くは、トレーニングを始めてからなんと2、3週間でこのスコアを出せるようになっている。ぜひあなたも自信をもってこのテストに挑戦してほしい。

ただし、このテストは、学んだメソッドをどの程度使いこなせているかを示すものにすぎない。本書の目的は、膨大な数の単語や数字を憶える方法を教えるのみならず、日々のさまざまな局面で役に立つような記憶力を鍛えるメソッドを伝えることにある。実際に私の教え子たちはこのメソッドを実践した。彼らの結果を見れば、その効果は明らかだ。

それぞれのメソッドのシステムを理解し、十分に習得してから次のステップに進んできたのなら、あなたのスコアも大きく向上していることと思う。そういった方にはぜひ、次の上級編のテストに挑戦していただきたい。上級編では、世界記憶力選手権に準じた形式のものを3つ用意した。挑戦してみて自分には難しすぎると思ったとしても、気落ちするには及ばない。難しいように作ってあるのだから当然である。でも少し練習すれば、自分でも信じられないほど上達するはずだ。

演習⑮ 初期値を更新しよう

テスト1：単語を憶える（制限時間3分）

自分に合ったメソッドを使って、次の30個の単語を順番通り（上の列から始めて右から左へ）に記憶する（表記もそのとおりに記憶する）。最初にやったのと同様に、時間を気にしなくていいようにタイマーをセットしてから始めよう。3分たったら、憶えた単語を書き出す。

正しい順に正しい表記で単語を書くことができたら1点。単語が思い出せなかったり、順番を間違えていたら1点減点。途中で2つの単語の順番が入れ替わっていたら、順番のミスが2つということで2点減点。ただし、その次の単語が正しければ、その単語は正答として加点する。制限時間内に憶えられなかった単語については減点しない（例えば15個までしか憶えることができなかったなら、最高得点は15点になる）。

ビスケット　頭蓋骨　日記
宝　車椅子　あごひげ
費用対効果　はしご　教師
猟犬　ドレス　ボート
フルート　花　鳥の骨
ニッケル　赤ん坊　ファイル
サンドイッチ　芝刈り機　鞭
ティースプーン　標的　漫画
地図帳　かまくら　血液
スキー　玉ねぎ　蛾《が》

さて、あなたのスコアは何点だっただろうか。15点以上なら合格、20点以上ならば自信をもっていいだろう。でも、14点以下であっても落ち込まないこと。それは、リンクが弱い部分があったということだ。練習して、心に深く刻みつけられるような強いリンクを作れるようになろう。そして日々の生活の中でも、機会を見つけて記憶力を鍛えていこう。

テスト２：数字を憶える（制限時間３分）

このテストもあなたの好きなメソッドを使って、次の30個の数字を順番通り（上から下へ）に憶え、3分たったら憶えた数字を書き出す。正しい順に正しい数字が書けていれば1点。数字や順番を間違えたら1点減点（単語テストと同様に、途中で2つの数字の順番が入れ替わっていたら2点減点し、その次の数字が正しければ正答とする）。

4	9	3
2	5	8
1	8	1
6	0	1
6	4	2
3	5	9
0	5	3
0	9	4
7	2	5
1	7	7

最初に行ったときのスコアと比べてみよう。15点以上ならば数字をイメージに変換して記憶する手法をマスターしたと思っていい。すべて憶えられるようになるまで練習しよう。思ったようにできなかったとしても諦めないこと。上達するには練習しかない。

記憶力テスト：上級編

テスト1：単語を憶える（制限時間5分）

5分間でできるだけたくさんの単語を順番通り（上の列から始めて右から次ページの左端へ）に憶える（表記もそのとおりに憶える）。5分たったら、憶えた単語を書き出す。想起時間の制限はなし。正しい順に正しい表記で単語を書くことができたら1点。1つの列で1個ミスがあれば10点減点、2つ以上ミスがあればその列の得点は0点。20点以上なら合格、30点以上なら優秀だ。全英記憶力選手権での最高スコアは70点である。

郵便番号
産業
かんぬき
バー
ろうそく
彗星
花びら

紙幣
亜鉛
農学者
ラクダ
酵母
コウノトリ
小屋

カラス
剣闘士
釣り
領地
はしら
秋
ハヤブサ

薬
アコーディオン
岩
けもの
事実
モリ
膨張

石けん
レーザー
間欠泉
URL
オパール
ハーブ
オウム

学位	菌類	インターネット	ダックスフント	潜水艦
カート	リンゴ	意思	スズメバチ	歯
船	漫画	傘	ＩＭＦ	アポストロフィ
ハチ	銀行	輸入	ミュージシャン	配水管
展覧会	エアロゾル	ルーレット	土	起訴
スパニエル	大修道院	防水シート	ダイヤル	間奏
おもちゃ	赤道	桁	ビーバー	ネズミ
スプラウト	排水路	地質学者	ハンカチ	水切りボール
人	点	剣	インカ人	下水管
キャンディー	芯	天文学	例	ブルドッグ
ニシキヘビ	シルエット	階段	毒へび	ガーゴイル
矢	ニッチ	寺院	イタチ	コンパス
専攻科目	中国語	キツツキ	イグアナ	錯覚

テスト２：数字を憶える（制限時間５分）

５分間でできるだけたくさんの数字を順番通り（上から下へ）に憶える。５分たったら憶えた数字を書き出す。正しい順に正しい数字が書けていれば１点。１行につき１個ミスがあれば20点減点、２個以上ミスがあればその行の得点は０点。最高得点は４４０点になる。20〜30点で合格、31〜40点なら優秀だ。それ以上なら世界チャンピオンを狙うのも夢ではない。世界記録は４０５点である。

3483113958576785277315166472803506193597
8568460535612318285885650443574930160397
0201299684494050297137495382634239925031
0222998511384254462054729406940419746610
9129737504191396978730539092230622799380
9092362528653953465040767859913222421873
2378186451915862371308010060981440558660
7343715881026422753389451783556084214098
7344716588902698251514981078884112931387

2296991035285296954239671060215222257465

1625645367355344758406559777283540735635

テスト3：2進数を憶える（制限時間5分）

5分間でできるだけたくさんの2進数を順番通り（上から下へ）に憶える。5分たったら憶えた数字を書き出す。正しい順に正しい数字が書けていれば1点（最高750点）。1行につき1個ミスがあれば15点減点、2個以上ミスがあれば30点減点する。30〜60点なら合格、それ以上なら優秀だ。世界記録は870点である。

1 1 1 0 1 1 1 0 0 1 0 0 1 1 0 0 0 1 0 1 1 0 1 1 1 1 0 1 1 0 （行1）
1 1 0 1 1 1 0 1 1 1 1 1 1 1 1 1 0 0 1 0 1 0 1 1 1 1 1 0 0 1 （行2）
0 1 0 1 1 0 1 0 0 1 1 1 0 0 1 0 0 1 0 0 0 1 1 0 0 0 1 1 0 0 （行3）
0 0 0 0 1 0 1 1 1 0 0 0 0 1 0 1 0 0 0 1 0 0 1 0 1 1 1 1 0 1 （行4）
0 1 1 1 0 1 1 1 1 1 0 1 0 0 0 1 0 1 0 1 1 1 1 0 1 0 0 0 0 1 （行5）
1 1 1 0 0 1 0 1 0 0 0 0 1 0 0 1 0 0 0 1 1 0 0 1 0 1 0 1 1 1 （行6）
1 1 1 1 1 1 1 1 1 1 1 1 0 0 0 0 1 0 1 1 0 1 1 1 1 1 0 0 0 0 （行7）
1 0 1 0 0 1 1 0 0 1 1 1 0 1 0 1 1 0 0 0 1 1 1 1 1 0 0 0 1 0 （行8）
0 1 1 0 0 1 0 1 0 1 0 0 0 1 1 1 0 0 0 1 1 0 1 0 0 0 1 0 1 1 （行9）
1 0 1 1 0 0 1 1 1 1 0 0 0 0 1 0 1 1 0 0 0 1 0 1 0 0 0 0 1 0 （行10）

1 0 0 1 1 1 0 0 0 0 0 1 1 1 0 0 1 1 0 0 1 1 1 1 1 0 1 0 1 0（行11）

1 1 0 0 1 0 1 0 1 1 0 0 1 0 1 0 1 1 0 1 0 1 1 0 0 0 0 1 1 0（行12）

1 0 1 0 1 1 0 0 1 0 0 1 0 0 0 1 1 0 1 1 0 0 0 1 1 1 1 1 0 0（行13）

0 1 0 1 0 0 0 1 1 0 1 1 1 1 1 0 1 1 1 1 0 0 1 1 1 1 1 1 0 0（行14）

1 1 1 1 0 1 1 0 0 1 1 0 1 1 0 1 0 0 0 1 1 1 1 1 1 0 1 1 1 1（行15）

1 1 1 0 1 0 1 0 0 0 1 0 0 0 0 1 1 0 0 1 1 1 1 0 1 0 1 1 0 0（行16）

0 0 0 1 1 1 0 0 0 0 0 1 1 1 0 1 0 0 0 0 0 0 1 1 1 1 1 0 0 0（行17）

1 0 0 1 0 1 1 1 1 0 0 0 0 0 1 1 1 0 0 0 0 0 1 1 1 1 1 0 0 1（行18）

0 0 0 1 1 0 0 1 0 1 0 1 1 1 0 1 1 0 0 1 1 1 0 0 1 0 1 0 1 1（行19）

0 0 0 0 0 1 1 0 0 1 1 0 1 0 0 0 0 0 0 0 0 0 1 0 1 1 1 0 0 1（行20）

0 0 0 1 1 1 1 1 1 1 0 1 1 0 0 1 0 0 0 0 0 1 1 0 0 1 1 1 0 1（行21）

0 1 0 0 1 0 1 0 0 0 0 0 1 0 1 0 0 1 1 0 1 1 0 0 0 0 1 0 1 1（行22）

1 0 0 1 1 0 1 0 0 1 1 0 1 0 0 1 1 1 0 1 1 0 1 1 1 1 0 1 1 0（行23）

1 0 1 1 0 1 0 0 0 1 1 0 1 1 0 0 1 0 0 0 1 0 0 1 1 1 1 1 1 1（行24）

0 1 0 0 0 1 0 0 1 0 1 1 1 1 0 1 1 0 0 0 1 0 1 0 1 1 0 1 0 1（行25）

あとがき――未来のチャンピオンたちへ

最後に、私が自分の記憶テクニックをこれほどまでにあなたに伝えたいと思っている理由をお話しして、本書の締めくくりとしたい。学校に通っていたとき、私に学習の仕方を教えてくれる人はいなかった。生徒たちは皆、知識をできる限り吸収して整理し、その証明としてテストでそれを書き出すことが求められた。あの頃、基本的な記憶術の秘訣のいくらかでも教えてくれる人がいたら、私の学生生活は大きく変わっていたと思う。

今日の学校教育では、当時とはまったく違った方法がとられている。私が子供だった頃は丸暗記で憶えることに焦点が置かれ、教科書の情報を憶え、それを答案に書くことがすべてだったが、今では、子供たちは試験だけでなく、プロジェクトや実作業を通して、教わったことを本当に理解しているかどうかを示すことが求められる。

しかし、状況は変わっても、記憶テクニックが理解を助ける素晴らしいツールであることに変わりはない。何を学ぶにしても、その日、その週、その月と、それまでに学んだ情報という土台の上に新しく積み重ねていくことになる。自分の可能性を余すところなく引き出したいと願う意欲的な人材や、明晰で集中力のある人材を育てたいなら、記憶力の鍛錬を抜きにして学校教育を語ることはできない。

２００８年に私は、イギリスの学校に記憶テクニックを導入するプロジェクトに関わった。このプロジェクトでは、記憶力を使って「ゲーム」をさせることで、いかに学習効果が上がるかを示してみせた。まず講師を学校に派遣し、記憶力を伸ばす方法について2時間の講義を行った。生徒たちはその後数週間、講義で学んだトレーニングを行い、校内でコンクールを開催して成果を競い合った。このやり方はうまくいった。生徒も教師も親も皆一様に、私たちが教えたスキルは実際の勉強にも活かすことができると言った。生徒たちは学力が上がり、自信を得て学習意欲も出てきた。その反響の大きさから全英学生記憶力選手権が開催されるまでになり、今では毎年1万人以上の学生が参加している。

本書で紹介した記憶力トレーニングは、脳の機能をフル動員させる。このことを生徒、教師、親、そして私も実感した。このトレーニングは、かつて丸暗記が主流だった時代に提唱されていたら、さぞかし有益だっただろうし、今日の学生たちにとっても大きな価値がある。膨大な情報を憶えることができるようになるだけではない。もっと大切な力を身につけることができるのだ。子供でも大人でも、このテクニックを使えば想像力を駆使して鮮やかなイメージを描き、一見関係のない情報のかけらを関連付けることができる。脳が刺激され、どうやって記憶したらいいか、物事を学んだらいいかがわかるようになっていく。

私が学校で提唱したメソッドについて、これまで私が耳にした唯一の反対意見は、ある教師からのものだった。彼はこう言った。「記憶の方法を教える目的は何ですか？　学習とは憶えることではなく、理解することでしょう」。そこで私は彼に、「それではあなたが記憶の機能を使わずに理解したことを1つ挙げてくれませんか」と聞いた。それに対して彼は答えることができなかった。

彼の意見には同意しないけれども、2000桁の数字や20組のトランプを憶えて何になるのかという気持ちはわかる。でもそれなら、400メートルトラックを全速力で走るのは何のためだろうか。いい大人が11人で1個のボールを反対側のネットに入れようと必死になって、もう11人がそれを阻止するのに躍起になっているのは何のためだろう。つまるところ、陸上でもサッカーでもテニスでもアイスホッケーでも、ダーツでも記憶力競技でも、どんなゲームでも結局は、うまくできるようになるまでのプロセスから多くのこと——熟達するための方法、失敗を受け入れ成功するまで諦めないこと、自分の成功を誇りに思う気持ち（そして、負けてもそれを潔く認める精神）、自分を好きになること——を学んでいくところに価値があるのだ。

身体を使ったスポーツは身体を鍛える。52枚のカードの順番を憶えるのは——それ自体は役に立つものではないかもしれないが——脳を鍛える。そして、自分の創造力には果てしない可能性があるということを教えてくれる。誰でも記憶力を鍛えれば、抑圧されていた創造的思考を解放することができるのだ。そうして自分で決めつけていた自分の限界を引き上げていくと、自分の脳の真の可能性に気づく。自信がむくむくと湧き上がってくる。

特に子供の場合は、自分の中にある記憶力を発見することで、学習に対する姿勢が大きく変わる。知識を吸収する作業は先生や親から与えられた義務ではなく、楽しく、刺激的で、価値のあるものだということがわかってくる。そのうえ、作業記憶を鍛えることで流動性知能（決められたパターンにとらわれず非線形に考えて問題を解決できる能力）が伸びることを示す膨大なデータがあるとなれば、記憶するためのスキルを教えることの価値は、これ以上説明するまでもないだろう。

本書の執筆は私にとって、記憶術とともに歩んできたこれまでの人生をたどる旅であった。ここまでお付き合いくださってありがとう。私の話は、記憶力を鍛えることの意義——さまざまな情報を憶える力だけでなく、もっと大切なものも手に入れることができるということ——をあなたにお伝えできただろうか。最後に、あなたの励みになることを願って、私のこれまでの経歴を書いておいた。いつか記憶力選手権であなたにお会いする日が来るかもしれない。そのときを楽しみにしている。

私の経歴

1987年　記憶力トレーニング開始。1組のトランプを26分で憶える
1989年　世界記録達成――6組のトランプを記憶
1989年6月11日　世界記録達成――25組のトランプを記憶
1990年7月22日　世界記録達成――35組のトランプを記憶
1991年10月26日　世界記憶力選手権優勝（1回目）
1993年8月8日　世界記憶力選手権優勝（2回目）
1993年11月26日　世界記録達成――40組のトランプを記憶
1994年　英国頭脳財団により「ブレイン・オブ・ザ・イヤー」に選出される
1994年3月25日　世界記録達成――1組のトランプをできるだけ速く憶える（43・59秒）
1995年　リヒテンシュタイン侯子フィリップより「グランドマスター」の称号を授与される
1995年4月21日　第1回世界マッチプレー記憶力選手権優勝
1995年8月6日　世界記憶力選手権優勝（3回目）

１９９６年　世界記録達成——１組のトランプをできるだけ速く憶える（38・29秒）
１９９６年８月４日　世界記憶力選手権優勝（４回目）
１９９７年８月23日　世界記憶力選手権優勝（５回目）
１９９９年８月27日　世界記憶力選手権優勝（６回目）
２０００年８月22日　世界記憶力選手権優勝（７回目）
２００１年　世界記録達成——２組のトランプを同時に憶える
２００１年８月26日　世界記憶力選手権優勝（８回目）
２００２年５月１日　世界記録達成——54組のトランプを憶える
２００５年　ワールド・メモリーチャンピオンシップス・インターナショナルより、記憶力トレーニングを世界に広めた功績を称えられ、功労賞（Lifetime achievement award）を受賞
２００８年　全英学生記憶力選手権の共同創設者兼進行責任者になる
２０１０年　世界記憶競技評議会の事務長に就任

コラム　記憶テクニックを伝えることの意義

何年か前、成績のかんばしくないいくつかの学校から依頼を受け、子供たちにちょっとした授業をした。記憶術を披露し、生徒たちにも実践してもらうという3時間のプログラムだ。私にとって、学校で教える初めての経験だった。私は家に帰る道すがら、今日の授業は子供たちにとって価値のあるものだったのかどうかと考えていた。生徒たちに何らかのきっかけを与えることができただろうか、それともただの気晴らしになっただけだろうか？　彼らはまた元の状態に戻ってしまうだろうか、それとも学習意欲が湧いてきただろうか？

その5年後、全英記憶力選手権の運営を手伝っていたとき、1人の男性が私の肩を叩いてこう言った。「オブライエン先生、実は僕、何年か前にあなたに教わった生徒です。先生の記憶力の授業に出席していたんですよ」。そう、私が最初に教えた生徒の1人だった。彼は、そのときに私が生徒に配った著書をしばらくたってから読んだのだという。いったん読み始めたら私があの日に教えたことがよみがえり、突如その意味を完璧に理解できたと語ってくれた。

彼はこのテクニックを使って試験に合格し、今は大学に通っているという。なぜ会場にいるのかと尋ねると、彼は胸を張って「挑戦者として来ました」と答えた。その年、彼は8位に入り、次の年は2位に躍進した。彼が敗れたのは、世界チャンピオンのベン・プリドモアだった。

記憶テクニックを伝えることの意義を見失いそうなときには、私はこのエピソードを思い出し、確信を新たにする。たった1人であれ人生を変えることができるのなら、教えるために使ったすべての時間は決して無意味ではないと、私は信じている。

訳者あとがき

本書は、世界記憶力選手権で8回にわたり優勝し、記憶に関する数々の世界記録をもつ、自他ともに認める記憶力の達人、ドミニク・オブライエンの著書『You can have an amazing memory』の全訳です。著者が開発した記憶テクニックの説明とそのトレーニングの方法のほか、記憶や脳の仕組みに対する科学的考察、記憶術を日常生活に取り入れる方法、日々出会う情報を効果的に吸収するためのヒント、加齢に負けずに脳を健康に保つ秘訣などが、著者の体験を交えながら親しみやすい語り口で描かれています。

世界記憶力選手権についてはテレビや新聞などでも取り上げられているのでご存じの方も多いかと思いますが、シャッフルしたトランプの順番を記憶する、ランダムに並んだ単語や数字を記憶するなど、さまざまな種目で記憶力を競い合う大会です。第1回の選手権が開催されたのは1991年。このときの参加者は著者を含めた7名でしたが、その後知的競技が広まり、メディアの関心も高まって、厳しいトレーニングを積んだ競技者が世界各地から集まるようになりました。その記憶の技は驚異的で、例えば2011年のスピード・ナンバーズ（5分間でできるだけ多くのランダムな数を憶える種目）の優勝者は５００桁を記憶するという記録を出しています。

このような選手権で8回も世界タイトルを手にしているオブライエンですが、決して生まれつき記憶力を発揮できていたわけではありません。子供の頃はいつもぼんやりしていて、授業に集中することができませんでした。失読症と診断され、成績もかんばしくなく、10代半ばで高校を中退します。しかし30歳のとき、テレビでクライトン・カーベロという記憶術師が、1組のトランプの順番を3分足らずで憶える技を披露するのを目にしたことが転機となりました。カーベロの術の秘密を探りたい、自分もやってみたいという一心で研究を重ねてテクニックを編み出し、訓練を重ね、世界チャンピオンまで上り詰めたのです。

その後も記憶力を磨き続け、選手権や世界記録への挑戦を続けるかたわら、講演や執筆活動に邁進。また、近年では「自分のような学生時代を送る生徒がひとりでも減ってほしい」「記憶テクニックを身につけることは学ぶことの基本になる。記憶術を教えることで、どうやって勉強したらいいかわからない生徒にも、学習の方法を伝えることができるはずだ」との思いから、イギリスの学校に記憶テクニックの教育を取り入れる活動にも精力的に取り組んでいます。

本書では、ジャーニー法やドミニク・システムをはじめとするいくつかの記憶テクニックとその練習法を紹介しています。個々のテクニックについての詳細は本章をお読みいただきたいのですが、その根底にあるのは、「想像力と創造力を働かせて、憶えにくいものを憶えやすいイメージに変換し、自分の空間記憶を利用して脳内に格納する」という戦略です。このような記憶術は、オブライエンのこれまでの著書や、書店に並ぶ記憶術に関する書籍でも数多く紹介されているものです。しかし本書がユニークなのは、テクニックの紹介と並行して、著者がこのようなシステムを開発し、身につけるにあたって歩んできた紆余曲折の過程が克明に描かれている点にあります。

例えば、ジャーニー法は、トランプを記憶するために著者が考案したものですが、この方法に行き着くまでにはいくつかの失敗がありました。トランプをめくるたびに身体を動かして憶えようとしたり、カードの数字を計算してみたらどうだろう、などと考えてみたもののうまくいかず、想像力を働かせてそれぞれのカードにイメージを割り当てるというアイデアを思いつきます。しかし、そこからも順風満帆とはいきません。なぜ記憶できないのか、その原因と対策を探っていくうちに、空間記憶を利用するというジャーニー法の基本を発見します。その後も弱点を徹底的に見直し、ようやく現在のジャーニー法にたどり着きました（そしてその数年後、自分が発見したと思っていたこの方法が、実は古代ギリシャで発明され、使用されていたことを知ります）。２桁の数字を１つのイメージにするためのドミニク・システムについても、試行錯誤を繰り返しながらシステムを洗練させていった過程が丁寧に描かれています。

このような描写は、テクニックを学ぶためだけなら必ずしも必要ないかもしれませんが、私はここに本書の大きな魅力のひとつがあると思っています。著者は「本書の執筆は私にとって、記憶術とともに歩んできたこれまでの人生をたどる旅であった」と語っていますが、事実そのとおり、御年54歳、世界記憶力選手権で初優勝してから20年間にわたり、自身の記憶力を鍛え続け、自分の人生を変えた記憶術の素晴らしさを人に伝える活動を続けてきたオブライエンだからこそ書くことができた内容でしょう。彼の旅、彼の姿勢は、紹介されているテクニックに説得力を与えると同時に、多くのことを私たちに伝えてくれています。

本書は読んだだけですぐに記憶力が伸びるというような魔法の箱ではありません。個々のテクニックを使いこなそうと思ったら、自分向けにアレンジし、粘り強く練習する必要があります。しかしそのようにして身につけた力は自分の一生の財産となること、自信の源となり豊かな人生を送る糧となることを、オブライエンの生き方が示しています。彼が記憶テクニックを通して伝えたかったのは「ひとつのスキルを身につけ、自信をもつことで人生は変わる、変えることができる」ということではないでしょうか。本書の副題「Learn life-changing techniques and tips from the memory maestro（記憶の達人から学ぶ、人生を変えるためのテクニックとヒント）」は決して大げさなタイトルではありません。本書が読者の皆様にとって記憶術の指南書となるとともに、新たな挑戦への一助となるならば、訳者としてこれほど嬉しいことはありません。

最後に、このような魅力的な本の翻訳を任せていただいたことに深く感謝しています。私事で恐縮ですが、昨年に記憶力に関する書籍（ジョシュア・フォア著『ごく平凡な記憶力の私が1年で全米記憶力チャンピオンになれた理由《わけ》』エクスナレッジ刊）の翻訳を担当させていただいたのがきっかけで、記憶力を鍛えることの意義と記憶競技に携わる人々に興味をもつようになりました。今回また新たな角度からこのテーマに携わることができたのは、私にとって大変貴重な経験となりました。株式会社トランネットの皆様、特にコーディネーターの松田佳奈氏にはいつも温かく適格なサポートをしていただきました。株式会社エクスナレッジの小泉伸夫氏には編集段階で素晴らしいアドバイスをいただきました。ありがとうございました。心からお礼を申し上げます。

２０１２年５月

梶浦真美

[著者紹介]

ドミニク・オブライエン（Dominic O'Brien）

世界記憶力選手権で8回にわたり優勝。1994年には英国頭脳財団より「ブレイン・オブ・ザ・イヤー」に選出され、95年には「記憶力グランドマスター」の称号を授与された。テレビやラジオへの出演も多数。30分で2385桁の2進数を憶えるなど、数々の世界記録を達成している。2005年にはワールド・メモリーチャンピオンシップス・インターナショナルより記憶力トレーニングを世界に広めた功績を称えられ、功労賞を受賞。2010年、世界記憶競技評議会の事務長に就任。

[訳者紹介]

梶浦真美（かじうら・まさみ）

津田塾大学数学科卒業。コンサルティング会社勤務を経て、フリーランスで翻訳・ライター・通訳業に携わる。訳書に『ハーバード大学医学部が明かす①今すぐできる――高血圧を下げる方法』『ごく平凡な記憶力の私が1年で全米記憶力チャンピオンになれた理由』（いずれもエクスナレッジ）『ハーバード流 自分の潜在能力を発揮させる技術』（アチーブメント出版）がある。

翻訳協力：株式会社トランネット

記憶に自信のなかった私が
世界記憶力選手権で8回優勝した
最強のテクニック

2012年7月3日　初版第1刷発行
2021年5月28日　第5刷発行

著　　者――ドミニク・オブライエン
訳　　者――梶浦真美

発 行 者――澤井聖一
発 行 所――株式会社エクスナレッジ
〒106-0032　東京都港区六本木7-2-26
https://www.xknowledge.co.jp/
問合せ先――編集　Fax03-3403-1345
info@xknowledge.co.jp
販売　Tel 03-3403-1321
Fax03-3403-1829